Christian B. Schreiber

**Handbuch Digitale Graphologie**

Christian B. Schreiber

# HANDBUCH
# DIGITALE GRAPHOLOGIE

**Erfolgreicher Umgang mit E-Mails, Geschäftsbriefen und Kundenkorrespondenz**

**Merkmale. Analysen. Tipps.**

Bibliografische Information der Deutschen Nationalbibliothek:
Die Deutsche Nationalbibliothek verzeichnet diese Publikation in der
Deutschen Nationalbibliografie; detaillierte bibliografische Daten sind
im Internet über http://dnb.dnb.de abrufbar.

© 2023 Christian B. Schreiber

Titelgestaltung unter Verwendung eines Fotos von Martin Katler
(Martin Katler auf Unsplash)

Herstellung und Verlag: BoD – Books on Demand, Norderstedt

ISBN: 978-3-7392-2700-9

## Über den Inhalt

Kann anhand des Schriftbildes von E-Mails und gedruckten Dokumenten auf den Charakter des Verfassers geschlossen werden? Was steckt hinter doppelten Leerschritten, dreifachen Ausrufezeichen und fehlenden Absätzen? Und wie lassen sich Fallstricke in der digitalen Kommunikation vermeiden?
Christian B. Schreiber spannt den Bogen von den Merkmalen bestimmter digitaler Schriftbilder bis hin zu hilfreichen Vorschlägen für eine gelingende Korrespondenz per E-Mail, Messenger oder Geschäftsbrief.

## Der Verfasser

Christian B. Schreiber arbeitet seit Jahrzehnten als Texter und Autor. Die korrekte Anwendung der deutschen Sprache ist ihm ein ebenso großes Anliegen wie der Wunsch, mit Tipps und Wissensvermittlung zu einer gelingenden Kommunikation im geschäftlichen und privaten Bereich beizutragen.

**Haftungsausschluss**

Das Werk inklusive seiner Inhalte wurde mit größter Sorgfalt erstellt. Gleichwohl kann weder seitens des Autors noch des Verlages eine Gewähr für die Aktualität, Vollständigkeit, Korrektheit und Qualität der bereitgestellten Informationen übernommen werden. Die Benutzung dieses Buches und die Verwendung der darin enthaltenen Informationen erfolgt daher auf eigenes Risiko. Jegliche Haftung für materielle oder ideelle Schäden, die sich aus einer Nutzung oder Nichtnutzung des Werkes ergeben könnten, ist ausgeschlossen.

## Inhaltsverzeichnis

Vorwort ..................................................................... 9

Gibt es überhaupt eine Digitale Graphologie? ................ 11

Wozu Digitale Graphologie? ........................................ 15

Sprunghafte Gedanken ............................................... 19

Zu wenige oder zu viele Absätze ................................. 21

Sonderlinge im Text: Das große Eszett ........................ 25

Die Verwendung des Personalpronomens „man" ........... 27

Eigentlich gibt es eigentlich gar nicht .......................... 31

Angst oder Größenwahn?
Mehr als ein Ausrufezeichen am Satzschluss ................ 35

Der „Bummstrich" ...................................................... 39

Lustige Lexeme: Indizien für die regionale Herkunft ...... 41

Sonderlinge im Text: Das Interrobang ......................... 45

Das Portemonnaie des Gymnasiasten aus Libyen: Wenn schwierige Wörter verwendet werden – oder eben nicht ... 47

Toleranz für alle? Genderstern & Co. ........................... 51

Gute Gründe für korrektes Schreiben .......................... 57

Den richtigen Gebrauch der Schriftsprache lernen ist nicht schwer ..................................................................... 61

So geht es richtig: Wörtliche Rede in Texten ................ 63

Vorsicht Autokorrektur! .............................................. 67

So geht es richtig: Korrekt zitieren .............................. 71

Fallstricke im Text: Die Firma ..................................... 75

So geht es richtig: Bindestriche und Gedankenstriche........ 77

Fallstricke im Text: Anredeform Du oder Sie?.................... 81

So geht es richtig: Die drei Auslassungspunkte ................. 85

Fallstricke im Text: Wörter oder Worte?............................ 89

Exkurs Sprachrhythmus: Damit ein Text besser klingt ........ 91

So geht es richtig: Abkürzungen ........................................ 93

Fallstricke im Text: Der Apostroph ..................................... 97

So geht es richtig: Die Gestaltung einer E-Mail ................ 101

So geht es richtig: Geschützte Leerzeichen ..................... 105

Fallstricke im Text: Das &-Zeichen ................................... 107

Textvorschläge für Standardfälle in der geschäftlichen Kommunikation ................................................................ 113

Signaturanforderungen für geschäftliche E-Mails ............ 117

Tastenkombinationen für Satz- und Sonderzeichen ........ 123

Nachwort .......................................................................... 125

# 1
# Vorwort

Die Graphologie gehört wohl seit jeher zu den Forschungsgebieten, von denen eine besondere Faszination ausgeht. Seit Jahrhunderten wird versucht, anhand von Schriftzeichen auf individuelle Persönlichkeitsmerkmale zu schließen und die komplizierten Zusammenhänge zwischen geschriebenem Text und den Charaktereigenschaften des jeweiligen Autors zu verstehen. Wahrnehmung, Analyse und Interpretation greifen hier ineinander und wollen nach bestimmten Mustern eingeordnet oder besser: *zugeordnet* werden.

Während sich die Graphologie als wissenschaftliche Disziplin mit verschiedenen Techniken und Methoden in der Vergangenheit vor allem mit der Handschrift eines Menschen beschäftigt hat und dabei die Untersuchung von Größe, Form, Neigung, Druck und Abstand der Buchstaben im Vordergrund stand, müssen in Zeiten, in denen der Informationsaustausch fast ausschließlich elektronisch oder in (aus-)gedruckter Form stattfindet, neue Wege beschritten werden, um ein möglichst umfassendes Bild der Persönlichkeit des Schreibers zeichnen zu können. In der digitalen Kommunikation per E-Mail, Messenger-Diensten oder auch per Geschäftsbrief lassen sich keine klassischen Merkmale wie eine bestimmte Schriftstärke, besonders hohe oder niedrige Buchstaben oder eine Schrägstellung in die eine oder andere Richtung feststellen. Auch Aussagen über harmonische oder unharmonische Schreibweisen sind nicht möglich, da Texte, die am Computer oder über die Tastatur des Smartphones getippt werden, per se einheitlich dargestellt werden. Ob der Schreiber in Eile war oder sich viel Zeit für die Niederschrift genommen hat, lässt sich – zumindest anhand des reinen Schriftbildes – kaum feststellen. Dennoch gibt es eine Reihe von Erkennungsmerkmalen in der digitalen Kommunikation, die nicht nur auf die Beherrschung der deutschen Sprache, sondern auch auf den Gemütszustand des Verfassers schließen lassen.

Diese Merkmale näher zu betrachten und zu beleuchten, wie eine gewinnbringende Analyse aussehen könnte, ist Ziel der nachfolgend angestellten Überlegungen. Außerdem soll dazu beigetragen werden, das eigene Geschick bei der Kommunikation auf elektronisch-schriftlichem Weg zu verbessern.

Dem englischen Dramatiker, Lyriker und Schauspieler William Shakespeare wird folgendes Zitat zugeschrieben:

*„Gebt mir die Handschrift einer Frau*
*und ich werde euch ihren Charakter nennen"*

(Lehrbuch der Graphologie – Albertini, Laura, Stuttgart [u.a.], Union Deutsche Verlagsgesellschaft, 1909, Seite 256).

Der Frage, ob dies in Zeiten der digitalen Kommunikation auch noch möglich sein könnte und warum sich ein wenig Grundwissen rund um eine gelingende Korrespondenz sowohl im privaten wie vor allem im geschäftlichen Bereich lohnt, wird in diesem Buch nachgegangen.

# 2

# Gibt es überhaupt eine Digitale Graphologie?

Grundvoraussetzung für jede graphologische Beurteilung von Schriftstücken sind die potentiellen Merkmale der realen Handschrift bzw. der Textvorlage. Diese Merkmale sind in der Regel über lange Zeiträume weitgehend unverändert und weisen immer die gleichen Eigenschaften auf. Lediglich Schriftstücke, die bewusst in „Schönschrift"

> *Graphologie – die **Lehre vom Schreiben.***

gestaltet oder aber flüchtig dahingeschmiert werden (der berühmte „schnelle Notizzettel") weichen in einigen Punkten vom gewöhnlich verwendeten Schreibstil ab. Zudem gibt es zum Beispiel auch Schriftsteller oder Schauspieler, die bei Autogrammen oder Widmungen in Büchern zum Schutz vor Missbrauch absichtlich eine andere Unterschrift setzen als etwa auf Vertragsdokumente. Dies muss und wird bei graphologischen Gutachten stets berücksichtigt werden. Was die Arbeit der Sachverständigen heute aber viel stärker erschwert als bewusst oder unbewusst abweichende Handschriften ist die Tatsache, dass es in unserem digitalen Zeitalter kaum noch echte handgeschriebene Vorlagen gibt, die bewertet werden könnten. Viele – auch bedeutsame – Dokumente werden entweder bereits in elektronischer Form erstellt oder aber eingescannt, wobei das Original anschließend vernichtet wird. Merkmale wie die Druckstärke und ähnliche Parameter lassen sich vom Graphologen in diesen Fällen nicht mehr beurteilen. Umso wichtiger werden daher Anhaltspunkte, aus denen sich charakterliche Eigenschaften des Verfassers eines ausschließlich in digitaler Form vorliegenden Schriftstücks ablesen lassen. Dass dies angesichts der höchst komplexen Zusammenhänge zwischen psychologischen Sachverhalten, technischen Rahmenbedingungen und vielen unbekannten Größen stets Stückwerk bleiben muss, sollte klar sein.

Ich habe mich aus den vorgenannten Gründen ganz bewusst dafür entschieden, die Bezeichnung *Digitale Graphologie* als eine Art Eigenname zu verwenden und daher das Adjektiv „digital" groß zu schreiben. Zudem verwende ich den Begriff „Digitale Graphologie" weniger als einen fachlich engen Terminus Technicus, der die Wissenschaft von einer Echtheitsprüfung schriftlicher Dokumente beziehungsweise die einer psychologischen Einschätzung geschriebene Texte meint, vielmehr nutze ich den Begriff *Graphologie* hier in seinem ursprünglichen Wortsinn: Als Bezeichnung der Lehre vom Schreiben. Die Endung „-logie" nämlich stammt von dem griechischen „lógos" ab, was nicht nur „Wort", sondern auch „Lehre" bedeutet. Im deutschen Sprachgebrauch wird „-logie" in der Regel in Verbindung mit einem näher bezeichnenden Begriff wie „Psycho-", „Geo-"- oder „Theo-" benutzt, um den Bezug zu einem bestimmten Gebiet auszudrücken. Und Graphologie bedeutet dann eben strenggenommen zunächst einmal nichts Anderes als „Lehre vom Schreiben" oder auch „Lehre von der Schreibung/Darstellung".

Neben alldem ist es weiterhin wichtig vorauszuschicken, dass es dem Anliegen dieses Buches in keiner Weise gerecht werden würde, wollte man die Digitale Graphologie als strenge Wissenschaft verstehen oder gar versuchen zu behaupten, mit ihr das Wesen des Verfassers eines Textes umfassend analysieren zu können. Vielmehr geht es darum, einzelne Muster in Texten näher zu betrachten und zu schauen, worauf bestimmte Besonderheiten in der Ausdrucksweise, Formatierung oder Zeichensetzung hinweisen könnten. Zudem soll das Verständnis für die richtige Verwendung der deutschen Sprache in der elektronischen Kommunikation geweckt und dazu ermutigt werden, durch eine kurzweilige Beschäftigung mit diesem Thema hinfort bessere Ergebnisse beim Verfassen von Schriftstücken zu erzielen.

# 3
# Wozu Digitale Graphologie?

Gerade für Laien, die keine Schwierigkeiten mit neuen Ideen haben und offen für interessante Überlegungen sind, kann die digitale Graphologie nicht nur ein unterhaltsames Thema sein, sondern auch eine Menge praktischer Tipps bereithalten. In jedem Fall dürften eine Beschäftigung mit der korrekten Anwendung unserer Muttersprache in der elektronischen Kommunikation und das Vermeiden von Fehlern beim Verfassen von E-Mails, Geschäftsbriefen und Nachrichten auf Social-Media-Plattformen, aber auch in Bewerbungsschreiben, Beschwerdebriefen und anderen wichtigen Schriftstücken sehr nützlich sein.

> **Herausfinden**, mit wem man es zu tun hat ...

Auch ohne Künstliche Intelligenz (KI) sind Forscher heute in der Lage, mit einer Analyse bestimmter Eigenheiten des Schreibstils mehrere Autoren voneinander zu unterscheiden und bestenfalls die Urheberschaft eines Textes zu klären. Wichtig ist dies vor allem dann, wenn es um strafbare Handlungen wie beispielsweise einen in ausgedruckter Form vorliegenden Erpresserbrief oder Morddrohungen in Internetforen oder auf Social-Media-Seiten geht.

Die Forensik macht sich dabei sowohl die unterschiedliche Verwendung von Schriftarten, Farben und Signaturen als auch Tippfehler, die Verwendung von Abkürzungen, eine bestimmte Art der (falschen) Interpunktion sowie individuelle Ausdrücke und

Begriffe zunutze. Sogar Verhaltensmerkmale bei Tastenanschlägen können als biometrische Indikation dienen und beispielsweise im Rahmen der sogenannten Multiauthentifizierung genutzt werden. Einige Unternehmen bewerten das Tippverhalten von Anwendern bereits, um die Identität des Nutzers zu bestätigen. Möglich wird dies durch die Messung und Analyse individueller Muster im Verhalten einer Person, etwa hinsichtlich der Geschwindigkeit, des Rhythmus und des Drucks während des Tippens.

Diese Form der Digitalen Graphologie ist nicht einmal neu. Schon vor mehr als 20 Jahren wurden unter anderem am Lehrstuhl für Wirtschaftsinformatik der Universität Regensburg in einem Kooperationsprojekt mit der TU München Versuche mit kurzen Schreibproben angestellt. Klar war, dass handschriftlich verfasste und unterzeichnete Dokumente praktisch überall auf der Welt als rechtlich gültige Willenserklärung akzeptiert werden und sich anhand der typischen Merkmale eines Schriftzuges – wie dem Schwung und dem Druck, mit welchem der Verfasser das Schreibgerät bewegt sowie der Form und Größe der Buchstaben – eine eindeutige Identifizierbarkeit des Urhebers erreichen lässt. Die Forscher wollten nun eine digitale Entsprechung zur Unterschrift entwickeln, die sich eindeutig aus dem Tippverhalten einer Person auf der Computertastatur ergibt. Zurückgegriffen wurde dabei zunächst auf die Erkenntnis aus den 1970er Jahren, dass sich anhand der Dynamik von Tastaturanschlägen ein Benutzer charakterisieren lassen kann. Nun galt es jedoch, trotz tagesformabhängiger merklicher Schwankungen in der Schreibdynamik Anhaltspunkte zu finden, die trotz dieser Unschärfe funktionieren. Herauskristallisiert hat sich dabei eine Möglichkeit, die im Wesentlich auf dem Umgang mit der Umschalttaste auf dem Keyboard beruht. Durch eine Analyse dieser einen Taste kann theoretisch nicht nur festgestellt werden, ob die benutzende Person ein Rechts- oder Linkshänder ist, es lassen sich vielmehr auch

Eigenheiten betrachten, die sich aus dem Zusammenspiel mit dem Anschlag einer zweiten Taste ergeben, bevor der Nutzer die erste Taste losgelassen hat.

All das war schon Anfang der 2000er Jahre möglich – wie viel mehr dürfte im Hinblick auf die Rechenleistung moderner Computersysteme und die Nutzbarmachung hochwertiger Analyselösungen heute die Identität eines Autors im virtuellen Raum festbestellbar sein.

Für den Privatgebrauch fernab aller kriminalistischen Ermittlungsarbeit ist die Digitale Graphologie neben ihrem reinen Unterhaltungswert vor allem dazu nutze, sich einen (vorsichtigen!) Eindruck zu verschaffen, mit wem man es „am anderen Ende der Leitung" zu tun hat.

# 4

## Sprunghafte Gedanken

Wer einen Text vor sich liegen hat, kann meist schnell sagen, ob er sich davon angesprochen fühlt oder nicht. Verfasser, die rasch zum Kern vordringen, sich auf das Wesentliche konzentrieren und in präzisen Worten auf den Punkt bringen, was sie mitteilen wollen, hinterlassen in jedem Fall einen positiven Eindruck. Wer sich kurz fasst, prägnant sein Anliegen formuliert und überflüssige Wörter weglässt, zeugt von klarem Denken und signalisiert eine zielführende Kommunikation.

> *Wie viel Zeit war der **Empfänger** wert?*

Schreiben ist eines der wichtigsten Mittel, um Gedanken, Ideen und Botschaften festzuhalten und zu verbreiten. Wer hier zu viele Fehler macht, läuft Gefahr, dass sein Anliegen nicht ernstgenommen wird.

Im Rahmen der Digitalen Graphologie erkennen Sie in aller Regel auch am Inhalt einer gewöhnlichen E-Mail schnell, ob sich der Absender ausreichend Zeit zum Schreiben genommen und überlegt hat, wie er sein Begehren am besten zum Ausdruck bringen kann. Dies beginnt bei der Begrüßungsformel, setzt sich über Absätze fort, die einem logischen Gedankengang folgen und endet schließlich mit einem korrekten Gruß sowie einer passenden Signatur. Sprunghafte Gedanken, falsch geschriebene Namen und fehlende Grundinformationen zeugen jedenfalls von viel Nachlässigkeit aufseiten des Verfassers. Ob dies an Zeitmangel, persönlichen Problemen im Umgang mit der deutschen Sprache oder tatsächlichem Desinteresse am Thema oder dem Empfänger liegt, ist dabei zunächst zweitrangig. Denn es entsteht schnell der Eindruck, dass sich der Absender keine Mühe gegeben hat – und sein Anliegen daher kaum so wichtig sein kann, wie er es möglicherweise suggerieren will. Zu bedenken ist dabei jedoch, dass auch momentane Erregtheit, Ärger, negative Gefühle oder Krankheit zu gravierenden Fehlern in Orthografie, Ausdruck und Form führen können. Der jeweilige Text sollte deshalb immer auch unter diesem Aspekt betrachtet und das Urteil sensibel gefällt werden.

Eine korrekte schriftliche Kommunikation ist für den Erfolg eines Unternehmens oder auch für das Erreichen privater Ziele unerlässlich. Sie wirkt sich sowohl auf den Umsatz und die Kundenzufriedenheit als auch auf die Wahrnehmung des Verfassers durch den Adressaten aus. Während gut geschriebene Texte mehr Klarheit schaffen, eine bessere Zusammenarbeit fördern und somit zielführend sind, können nachlässig verfasste Schriftstücke zu Ärger, Missverständnissen und Frustration führen.

## Das **WESENTLICHE** – auf einen Blick

**1** *Fehler in digitalen Schriftstücken sind nicht selten ein Zeichen von Nachlässigkeit.*

**2** *Schon an der Form einer Nachricht kann rasch festgestellt werden, ob sich der Absender ausreichend Zeit zum Schreiben genommen hat.*

**3** *Korrekte schriftliche Kommunikation ist für den Erfolg eines Unternehmens unverzichtbar.*

# 5
## Zu wenige oder zu viele Absätze

Absätze dienen dazu, einen Text optisch besser lesbar zu machen. Sie sind eine hervorragende und unbedingt notwendige Möglichkeit der Gliederung, damit ein Leser nicht bereits nach kurzer Zeit das Interesse am Inhalt verliert bzw. Verständnisschwierigkeiten aufkommen. In der Regel besteht ein Absatz aus mehreren Sätzen; es kann jedoch sinnvoll sein, nach einem besonders wichtigen Satz einen neuen Absatz zu beginnen.

> Den **Gemütszustand** erkennen.

Absätze bestimmen sowohl den Sprachrhythmus als auch das Tempo eines Textes. Sie entscheiden ganz wesentlich darüber, ob ein Schriftstück als angenehm lesbar und damit (unterschwellig) als positiv wahrgenommen wird oder ob es beim Leser ein negatives Gefühl hinterlässt. Ellenlange Texte ohne jeden Absatz werden nicht selten schon auf den ersten Blick und noch vor dem Beginn des Leseprozesses als eine Art Bedrohung wahrgenommen und können schlimmstenfalls sogar verhindern, dass ein Text überhaupt gelesen wird.

Aus Sicht der Digitalen Graphologie betrachtet, gibt es für eine zu geringe Absatznutzung bzw. eine gänzliche fehlende Gliederung im Wesentlichen zwei Gründe: Entweder handelt es sich beim Verfasser um eine Person, die sehr wenig mit selbst verfassten Texten zu tun hat oder aber die betreffenden Zeilen wurden im Zustand hoher emotionaler Erregung geschrieben und vor dem Versenden nicht mehr geprüft bzw. – wie es stets ratsam ist

– erst nach einer „Bedenkzeit" an den Empfänger übermittelt (vgl. hierzu auch das Kapitel „So geht es richtig: Die Gestaltung einer E-Mail").

Das andere Extrem sind Texte, bei denen der Verfasser hinter (fast) jedem Satz einen Absatz einfügt. Dies geschieht meist weniger aus Unwissenheit im Umgang mit den Grundsätzen einer optisch gut lesbaren Sprache, sondern deutet viel mehr auf einen sprunghaften Gedankenfluss hin: Viele einzelne, dem Schreiber wichtige Punkte, werden nacheinander so „zu Papier gebracht", dass sie dem Adressaten sofort ins Auge stechen sollen. Häufig erfolgt – gerade bei Beschwerdeschreiben oder in Schriftstücken mit anschuldigendem Charakter – dabei eine dem Verfasser gar nicht bewusste Wertigkeit der einzelnen Absätze; die für den Absender wichtigste Botschaft steht dann bereits im ersten oder zweiten Absatz, während die nachfolgenden Punkte eher absteigende Wichtigkeit aufweisen.

Vielfach folgen Texte mit übermäßigen Absätzen zudem einem „und dann noch"-Schema: Gedanken, die dem Verfasser während des Schreibprozesses in den Sinn kommen, werden sämtlich als neue Absätze aufgeführt – oft ein wenig wirr und manchmal ohne logischen Zusammenhang. Die richtige und wichtige Faustregel für die Verwendung von Absätzen – ein Gedanke, ein Absatz – wird hier ins Extrem übersteigert.

Im Idealfall weist ein Dokument eine ausgewogene Verwendung von Absätzen auf. Der Lesefluss ist dadurch angenehm und der Adressat kann dem Text alle relevanten Informationen verständlich, vollständig und mit der beabsichtigten Wirkung entnehmen.

Übrigens: Absatz und Zeilenumbruch dürfen nicht verwechselt werden! Während ein Zeilenumbruch lediglich dazu dient, den folgenden Satz auf der nächsten Zeile beginnen zu lassen, zeigt sich ein Absatz stets durch das Einfügen einer Leerzeile. Um einen „echten Absatz" zu bilden, muss demnach die Enter-Taste zweimal gedrückt werden.

## Das **WESENTLICHE** – auf einen Blick

**1** *Absätze machen einen Text optisch besser lesbar.*

**2** *Zu wenige Absätze bei langen Texten können als Bedrohung wahrgenommen werden.*

**3** *Faustregel für Verfasser:*
*Ein Gedanke, ein Absatz.*

# 6
## Sonderlinge im Text: Das große Eszett

Woher der Buchstabe Eszett (ß) stammt und welche Entstehungsgeschichte diesem besonderen Schriftzeichen anhaftet, würde den Rahmen dieses Kapitels sprengen und das Themenfeld der Digitalen Graphologie verlassen. Angemerkt sei dennoch, dass das Eszett neben der Tatsache, dass es nicht zu den Grundbuchstaben des deutschen Alphabets gehört und umgangssprachlich gern auch als „Scharfes S" oder „Buckel-S" bezeichnet wird, seine Existenz vor allem der bis in die 1940er Jahre in Deutschland üblichen Druckschriftarten verdankt.

> *Ein Zeichen für* **Experten**.

Sehr lange Zeit gab es das Eszett lediglich als Kleinbuchstaben, was insbesondere dort zu Problemen führen konnte, wo Menschen einen Nachnamen mit ß besitzen und diesen – beispielsweise in einem Formular – in Versalien eintragen mussten. Auch die Angabe der Wohnadresse brachte viele Bundesbürger beim Ausfüllen von Vordrucken mit dem Hinweis „Bitte in Großbuchstaben schreiben" regelmäßig beim Straßennamen in Bedrängnis und ließ die Frage aufkommen, ob beispielsweise die Bahnhofstraße nun als BAHNHOFSTRASSE oder BAHNHOFSTRASZE zu schreiben sei.

Seit ein paar Jahren ist nun Schluss mit solchen Verwirrungen, denn das Eszett gibt es seit dem 29. Juni 2017 auch in großer Form. Grafisch stark an eine Mischung aus großem B und dem bisherigen, kleinen ß erinnernd, wird das große ẞ auf dem Computer mittels Tastenkombination [ALT] + [7838] (auf dem numerischen Ziffernblock) erzeugt. In diesem Zusammenhang sei darauf hingewiesen, dass der Standardalgorithmus für die Umwandlung von Texten in Großbuchstaben bei Textverarbeitungsprogrammen das kleine ß nicht immer automatisch in ein ẞ verwandelt, sondern es weiterhin in „SS" ändert!

Ob sich das große ẞ im schriftlichen Gebrauch wirklich durchsetzen wird, bleibt abzuwarten. Zumindest stellt es eine Möglichkeit dar, Namen auch in Versalien korrekt widerzugeben.

Im Rahmen einer Betrachtung aus Sicht der Digitalen Graphologie spielt das große Eszett eine eher untergeordnete Rolle. Wer es in Texten verwendet, dürfte aber mit an Sicherheit grenzender Wahrscheinlichkeit zum Personenkreis derer gehören, die sich intensiv mit den aktuellen Vorgängen rund um die Deutsche Sprache beschäftigen.

## Das **WESENTLICHE** – auf einen Blick

**1** *Das große Eszett gibt es seit 2017.*

**2** *Es wird meist nur von Experten verwendet.*

**3** *Der größte Nutzen liegt im Ausfüllen von Formularen in Versalien.*

# 7
# Die Verwendung des Personalpronomens „man"

Das generalisierende Personalpronomen „man" ist nicht nur in der Wortsprache, sondern häufig auch in der schriftlichen Kommunikation zu finden. Es dient dazu, eine unspezifische und generische – also sowohl nicht persönliche als auch geschlechtsneutrale – Bezugnahme auf Personen abzubilden.

> Mit „man" von sich selbst **ablenken**.

Als gute Beispiele für die verbreitete Verwendung dieses Pronomens können das Sprichwort „Man soll den Tag nicht vor dem Abend loben", die Weisheit „Man kann es nicht allen recht machen" oder auch der bekannte Satz des Philosophen und Psychoanalytikers Paul Watzlawick „Man kann nicht nicht kommunizieren" herangezogen werden.

Vor allem bei der Schilderung von Begebenheiten, die entweder eigene negative Handlungen zum Inhalt haben oder das Gegenüber nicht direkt angreifen wollen, verfallen viele Menschen dazu, in die unbestimmte Person „man" zu wechseln.

Zwei Beispiele:

> *„Ich hatte zwar eine schnelle Antwort auf meine Beschwerde erwartet, aber man kennt das ja: Die Mühlen der Bürokratie mahlen langsam."*

*„Erst dachte ich, dass ich in der Fastenzeit vor Ostern auf Süßigkeiten verzichten sollte, aber das hat nicht geklappt. Man schafft es eben manchmal nicht, seine guten Vorsätze durchzuhalten."*

Sehr oft werden Erzählungen aus der Ich-Perspektive ganz oder teilweise mit dem Wort „man" wiedergegeben.

Ein solcher Perspektivwechsel beruht nach Ansicht von Psychologen vor allem auf dem Wunsch, persönlichen Erlebnissen und Erfahrungen eine über das Individuum hinausgehende, allgemeingültige Bedeutung zuzuschreiben – und zwar bevorzugt dann, wenn es sich um negative Dinge handelt, die der Autor nicht auf sich bezogen sehen, sondern von denen er sich emotional distanzieren möchte.

Wem der Hintergrund einer Verwendung des generalisierenden Personalpronomens „man" bewusst ist, der kann im Rahmen der Digitalen Graphologie entsprechende Einschätzungen vornehmen und gegebenenfalls angemessen reagieren. Meist deutet die Nutzung von „man" aber nicht so sehr auf die „Vertuschung" eigener Fehler hin, sondern zeugt von gesunder Wahrnehmung des Unterschieds von „Richtig" und „Falsch".

Unbedingt vermieden werden sollten „man"-Sätze in wissenschaftlichen Arbeiten, Dissertationen oder Pressetexten. Stattdessen empfiehlt sich hier die Nutzung neutraler Passivkonstruktionen. Es wäre dann also statt „Von Berlin gelangt man mit dem Zug in weniger als zwei Stunden nach Hamburg" lieber „Von Berlin ist Hamburg mit dem Zug in weniger als zwei Stunden zu erreichen" zu schreiben.

Wer beispielsweise in einer Bachelorarbeit immer wieder mit dem generalisierenden Personalpronomen „man" operiert, dem darf jedenfalls – anders als der Verfasser einer eher privaten E-Mail – durchaus eine gewisse Nachlässigkeit im Umgang mit der deutschen Sprache zum Vorwurf gemacht werden.

## Das **WESENTLICHE** – auf einen Blick

**1** *Das generalisierende Personalpronomen „man" ist in der schriftlichen Kommunikation sehr häufig zu finden.*

**2** *Psychologen sind der Ansicht, durch die Verwendung von „man" soll dem Erzählten eine allgemeingültige Bedeutung zugemessen werden.*

**3** *In wissenschaftlichen Arbeiten, Dissertationen oder Pressetexten deuten „man"-Sätze auf einen nachlässigen Umgang mit der deutschen Sprache hin.*

# 8
## Eigentlich gibt es eigentlich gar nicht ...

Immer wieder findet sich in E-Mails, Nachrichten und Briefen – vor allem im privaten Bereich – ein Wort, welches den Leser über die tatsächliche Aussagekraft des es umgebenden Satzes in Ratlosigkeit verfallen lässt. Die Rede ist von dem Adverb „eigentlich".

*Eigentlich –*
*oft ein **„Unwort"**!*

Wer in einem Text auf dieses Wort trifft, wird sich – mehr noch als in der mündlichen Kommunikation – früher oder später die Frage stellen, was denn nun gelten soll.

Relativ einfach gestaltet sich die Angelegenheit ja noch bei der folgenden Botschaft:

*„Eigentlich wollte ich Ihnen schon gestern schreiben".*

Hier kann angenommen werden, dass der Verfasser sich durch die Verwendung des Wortes „eigentlich" dafür entschuldigen will, dass er sich erst jetzt meldet und vermutlich wird die Begründung im nächsten Satz mitgeliefert (beispielsweise: *„Leider hatte ich dann aber keine Zeit, weil meine Schwiegermutter unerwartet zu Besuch gekommen ist."*).

Deutlich schwieriger wird die Sache allerdings, wenn „eigentlich" als Möglichkeit zur Relativierung genutzt wird und der *eigentlichen* Aussage eine gewisse Unschärfe verleiht.

Ein Beispiel:

> *"Eigentlich ist das geplante Projekt in der beschriebenen Form nicht umsetzbar".*

Hier stellt sich die Frage, warum der Autor seine Information in einer derart schwammigen Art und Weise darstellt. Im Grunde gibt es in diesem Fall doch nur zwei Möglichkeiten: Das Projekt ist umsetzbar oder es ist nicht umsetzbar. Punkt.

Jesus Christus hat seine Jünger unlängst aufgefordert, dass ihre Rede ja, ja oder nein, nein sei (Die Bibel – Matthäusevangelium Kapitel 5 Vers 37). Was darüber ist, so sagt Jesus, sei vom Übel. Warum aber findet sich dann – entgegen jeder Logik – so häufig das Wort „eigentlich" in Texten?

Nun, vermutlich dient es in erster Linie dazu, sich „eine Hintertür" offenzuhalten. Der Verfasser scheut sich – aus welchem Grund auch immer – zu konkret zu werden und greift daher zu einer „vernebelnden" Formulierungsmöglichkeit.

Der deutsche Journalist und Schriftsteller Kurt Tucholsky hat einmal gesagt:

> *„Weil aber keiner ganz er selbst ist, so bleibt immer ein kleines ‚Eigentlich' übrig, auf das er sich, bei Bedarf, zurückziehen kann"*

(Kurt Tucholskys unter dem Pseudonym „Peter Panter" am 14. März 1928 im Unterhaltungsblatt der Vossischen Zeitung").

Dieses Zitat bringt es auf den Punkt: Mit dem Wort „eigentlich" kann ein Satz auf einfache Weise mehrdeutig gemacht werden;

die wahre Absicht, den „eigentlichen" Sinn zu ergründen, wird dabei dem Leser bzw. Empfänger der Nachricht überlassen.

Fazit im Blick auf die Digitale Graphologie: Wenn das Wort „eigentlich" auftaucht, ist Vorsicht genauso angebracht wie Einfühlungsvermögen. Und: Eigentlich gibt es eigentlich gar nicht! Es sollte – vor allem in der geschäftlichen Korrespondenz – ein Tabu sein.

## Das WESENTLICHE – auf einen Blick

**1** *In manchen Fällen wird „eigentlich" als Einleitung für einen Entschuldigungsversuch verwendet.*

**2** *Meist dient das Wort der Schaffung einer „Hintertür", um nicht allzu konkret werden zu müssen.*

**3** *„Eigentlich" sollte in der geschäftlichen Korrespondenz ein Tabu sein.*

# 9

## Angst oder Größenwahn?
## Mehr als ein Ausrufezeichen am Satzschluss

Mehr noch als in der geschäftlichen Kommunikation wird das Ausrufezeichen in Texten genutzt, die über Soziale Medien, Nachrichtendienste oder SMS ausgetauscht werden. In vielen Fällen soll durch das Satzzeichen angezeigt werden, dass der Verfasser eine bejahende Einstellung zu bestimmten Sachverhalten hat. Wird also

*Wut? Angst?*
*Oder **Hilflosigkeit**?*

etwa in einer Nachricht die Frage gestellt: „Sehen wir uns heute Nachmittag?", dürfte die Antwort „Gern!" deutlich positiver verstanden werden als ein eher neutrales „Gern." – ohne Ausrufezeichen.

Eine weitere, häufig anzutreffende Verwendung des Ausrufezeichens findet sich in Einladungen, Aufforderungen, Begrüßungen und Anreden: „Aufgepasst!", „Gute Besserung!", „Hallo!"

Neben alldem kann ein Ausrufezeichen bestimmte Informationen optisch hervorheben, beispielsweise „Die Anlieferung der Baustellenausrüstung erfolgte an einem Samstag (!), obwohl dem Lieferanten bekannt war, dass wir am Wochenende nicht arbeiten" oder „Betrachten Sie meine Idee nur als Vorschlag (!), nicht als Aufforderung zum Handeln."

All das sind legitime und berechtigte Gründe für die Verwendung eines (!) Ausrufezeichens.

Das amtliche Regelwerk der deutschen Sprache sieht es hingegen nicht vor, mehrere Ausrufezeichen nacheinander zu setzen.

Zwar mag es – vereinzelt – Gründe geben, bestimmte Aussagen im Rahmen der digitalen Kommunikation besonders betonen oder hervorheben zu wollen, der inflationäre Gebrauch des Mehrfach-Satzschlusszeichens führt jedoch genau zum Gegenteil: Je häufiger „die drei Ausrufezeichen" zum Einsatz kommen, umso weniger Bedeutung wird solchen Hervorhebungen beigemessen. Oder mit anderen Worten ausgedrückt: Wer ständig übertreibt, wird irgendwann ignoriert – und die ursprünglich als besonderes Signal gedachte Variante einer optischen Kennzeichnung hat keinerlei Nutzen mehr.

Nicht vergessen werden sollte ferner, dass dem Ausrufezeichen auch ein warnender Charakter innewohnt. Nicht ohne Grund wurde für das Verkehrszeichen 101 „Gefahrstelle" ein solches Symbol gewählt. Wer in seinem Text ein Ausrufezeichen verwendet, sollte sich dieser psychologischen Komponente also immer bewusst sein.

Der bekannte britische Fantasy-Schriftsteller Terry Pratchett soll über den übermäßigen Gebrauch von Satzzeichen einmal gesagt haben, dass fünf Ausrufezeichen das sichere Zeichen für einen wahnsinnigen Geist seien (Artikel „Die Wahrheit mag in deinem Kopf sein, aber die Lügen sind da draußen", Süddeutsche.de vom 12.03.2015).
Ob diese Mutmaßung zutrifft, soll an dieser Stelle nicht näher beleuchtet werden. Möglicherweise deuten mehrere Ausrufezeichen hintereinander auch auf Wut, Angst oder Hilflosigkeit des Schreibers hin.

Gleichwohl ist es nur in sehr seltenen Ausnahmefällen eine gute Idee, in einem Schriftstück mehrere Ausrufezeichen hintereinander zu setzen. Zudem sollte in formelleren Texten, also zum Beispiel in einem Bericht, einer Geschäftsanweisung oder in Texten an Handelspartner, Kunden oder Vorgesetzte mit Ausrufezeichen ohnehin sehr sparsam umgegangen werden. Hier gleich zwei, drei oder gar noch mehr Ausrufezeichen hintereinander zu verwenden, wäre absolut unangebracht.

## Das **WESENTLICHE** – auf einen Blick

**1** *Ausrufezeichen können zur Verstärkung bestimmter Aussagen genutzt werden.*

**2** *Die Verwendung sollte gut dosiert erfolgen, da dieses Satzschlusszeichen einen warnenden Charakter besitzt.*

**3** *Mehrere Ausrufezeichen hintereinander deuten möglicherweise auf Wut, Angst oder Hilflosigkeit hin.*

# 10

## Der „Bummstrich"

Es gibt Menschen, die die Angewohnheit haben, in ihrem schriftlichen Werk als besondere Betonungsform am Satzende einen Gedankenstrich einzufügen. Dieser Gedankenstrich, den ich gerne mit einem schmunzelnden Auge als „Bummstrich" bezeichne, dient dazu, den vorstehenden Wörtern ein stärkeres Gewicht beziehungsweise eine schwergewichtige Bedeutung zu verleihen.

*Etwas für Individualisten.*

Zwei Beispiele:

*„Das habe ich mir natürlich nicht gefallen lassen und ihm eine passende Antwort gegeben –"*

*„Erst wollte ich mich dagegen wehren, aber dann –"*

Während im privaten Bereich derartige Striche durchaus charmant und nett erscheinen mögen, haben sie in der geschäftlichen Korrespondenz nichts zu suchen. Hier sorgen sie nämlich eher für Verwunderung und lassen Fragen über ihre Bedeutung aufkommen. Schlimmstenfalls könnten sie sogar für eine Provokation gehalten werden.

Mitunter soll ein Gedankenstrich am Satzende als Auslassung (Ellipse) dienen. Dann wird dieses Zeichen dazu genutzt, einen grammatikalisch unvollständigen Satz ohne Verlust der Bedeutungserfassung durch die Nutzung eines speziellen rhetorischen

Mittels darzustellen. Dies ist nach den Richtlinien zur Deutschen Sprache zwar nicht falsch, jedoch erfüllen die Auslassungspunkte (vgl. Kapitel „So geht es richtig: Die drei Doppelpunkte am Satzende") den beabsichtigten Zweck meist besser als ein Gedankenstrich.

Unter dem Aspekt der Digitalen Graphologie betrachtet, kann ein „Bummstrich" auf zweierlei hindeuten: Auf einen Verfasser, der mit den Regeln der deutschen Rechtschreibung nicht bis ins letzte Detail vertraut ist, seinen schriftlichen Aussagen zugleich aber eine gewisse Originalität verleihen will. Oder aber der Strich zeigt, dass der Autor ganz bewusst die stilistische Vielfalt zulässiger Möglichkeiten des Deutschen nutzt. Um welche der beiden Möglichkeiten es sich in einem konkreten Fall handelt, wird meist rasch klar, wenn ein Blick auf die Gestaltung des restlichen Textwerkes geworfen wird.

## Das **WESENTLICHE** — auf einen Blick

**1** *Es liegt kein Verstoß gegen die Rechtschreibregeln vor.*

**2** *Eventuell soll Originalität signalisiert werden.*

**3** *Gedankenstriche am Satzende können auch auf Verfasser hindeuten, die stilistische Vielfalt mögen.*

# 11

## Lustige Lexeme:
## Indizien für die regionale Herkunft

Wenn es um das Thema Digitale Graphologie geht, kann im Deutschen ein wichtiger Punkt nicht außen vorgelassen werden. Ein Punkt, der es uns leichtmachen kann, etwas über den Hintergrund des Verfassers eines Schriftstücks herauszufinden. Die Rede ist von besonderen Lexemen, die etwas über die regionale Herkunft des Schreibenden (oder Sprechenden) aussagen.

> **Woher** stammt der Verfasser?

Lexeme sind zunächst einmal abstrakte Bedeutungseinheiten, die innerhalb einer Sprache dazu dienen, den genutzten Wortschatz zu ordnen und die begriffliche Bedeutung eines Wortes oder einer Wendung darzustellen.

Wenn also – beispielsweise in einer E-Mail – jemand schreibt, er sei „verratzt", so besteht eine gewisse Wahrscheinlichkeit, dass diese Person aus dem bayerischen Raum stammt. Dort wird das Adjektiv „verratzt" nämlich dazu verwendet auszudrücken, dass man keine Lösung für ein Problem habe, sondern „mit seinem Latein am Ende" sei.

Wer hingegen dazu einlädt, mit ihm eine Runde zu „schnacken", der dürfte vermutlich irgendwo in Schleswig-Holstein, Hamburg oder Mecklenburg-Vorpommern zu Hause sein oder zumindest von dort zu stammen.

Aber Vorsicht: Ganz so einfach ist die Sache mit den gebräuchlichen regionalen Begriffen nicht. Denn es kann auch sein, dass der jeweilige Autor das Lexem in humoristischer Absicht verwendet oder dass es zu seiner Familiensprache gehört, z. B. weil die Ehefrau Münchnerin ist und sich deshalb manchmal „verratzt" fühlt – und ihr Mann diesen Begriff dann einfach in seinen Sprachgebrauch übernommen hat.

Etwas eindeutiger hingegen verhält es sich mit Begriffen, die noch aus dem DDR-Sprachgebrauch stammen. Derartige Worte und Wendungen werden nur sehr selten von anderen Menschen übernommen, weshalb es als recht wahrscheinlich gelten darf, dass jemand, der zum Mittag einen „Broiler" (= Brathähnchen) gegessen hat, seinen Urlaub auf der „Datsche" (= Wochenendgrundstück) verbringt oder zum Einkaufen gern eine „Plastetüte" (= Einkaufstasche aus Kunststoff) benutzt, tatsächlich persönlich in der ehemaligen DDR aufgewachsen ist. Allerdings ist zu bedenken, dass Kinder mitunter den Wortschatz ihrer Eltern übernehmen.

Ein deutlicher Hinweis auf eine „DDR-Vergangenheit" ist auch die noch heute seitens zahlreicher Ostdeutscher genutzte Anredeform „Werter Herr ...", „Werte Frau ..." oder „Werte Damen und Herren". Dieses Lexem wurde traditionell in der DDR für die briefliche Anrede verwendet.

Anhand der aufmerksamen Suche nach solchen und anderen besonderen Begriffen, kann im Rahmen der Digitalen Graphologie also durchaus ein nutzbarer Erkenntnisgewinn zu verzeichnen sein.

An dieser Stelle ein interessanter und zugleich wichtiger Hinweis: Während in der zwischenmenschlichen Kommunikation für die Einschätzung eines vorgetragenen Textes oder einer Aussage auch die Grundstimmung des Empfängers zum Zeitpunkt der Kommunikation sowie seine aktuelle Tagesverfassung berücksichtigt werden müssen, lässt sich die Verwendung von Lexemen praktisch immer sehr gut für eine „neutrale" Einschätzung des Gegenübers nutzen. Ganz ähnlich verhält es sich auch in der Digitalen Graphologie, denn auch hier führt die Betrachtung von Begriffen mit regionalem Hintergrund anders als bei vielen sonstigen Merkmalen eines Textes grundsätzlich zu einer objektiven Bewertung.

## Das **WESENTLICHE** – auf einen Blick

**1** *Anhand der Verwendung bestimmter Wörter oder Begriffe kann auf die regionale Herkunft des Verfassers geschlossen werden.*

**2** *Manchmal werden Lexeme bewusst in humorvoller Weise genutzt.*

**3** *Es gibt recht eindeutigen Zeichen, die auf einen Autoren mit DDR-Vergangenheit hinweisen.*

# 12

## Sonderlinge im Text: Das Interrobang

Das Interrobang ist ein Satzzeichen, welches es schon seit den 1960er Jahren gibt. Es ist ebenso verbreitet wie unbekannt. Von seiner Gestaltung her mutet es ein wenig abenteuerlich an, wird nicht selten (fälschlicherweise!) als unzulässig deklariert und stellt gerade deshalb ein wichtiges Element der Digitalen Graphologie dar.

> *Besonders – aber **nicht** **außergewöhnlich**.*

Geschrieben werden kann das Interrobang entweder „!?" oder „?!". Möglich (aber extrem selten) ist ferner die Nutzung des eigenständigen Sonderzeichens ‽, welches sich mit der Tastenkombination [ALT] + [8253] auf grundsätzlich jedem Windows-Computer erzeugen lässt.

Integriert ist das auch als „Fragerufzeichen" betitelte Interrobang unter anderem in den bekannten Schriftarten Lucida Sans Unicode, Arial Unicode MS sowie Linux Libertine. Auch Calibri, Helvetica und die Schrift Palatino sollten mit dem putzigen Zeichen zurechtkommen.

Obwohl das Interrobang in Deutschland nicht als Standardsatzzeichen gilt, gibt es durchaus Gründe, es in der Kommunikation zu verwenden. So kann es sein, dass eine bestimmte Frage besonders nachdrücklich ausgedrückt werden soll – zum Beispiel: *„Das meinst du doch nicht wirklich ernst!?"*

Ferner kann das Interrobang für rhetorische Fragen bzw. betonte Anreden verwendet werden, etwa „Hallo?!"

Angesichts der vorgenannten Besonderheiten und seines „schlechten Rufs", nicht den Regeln der deutschen Rechtschreibung zu entsprechen, wird das Interrobang seinen Freundeskreis wohl auch in Zukunft kaum erweitern.

Unter den Gesichtspunkten der Digitalen Graphologie betrachtet, dürfte das Fragerufzeichen in seiner Form als „?!" bzw. „!?" eher von Menschen genutzt werden, die umgangssprachlich kommunizieren. Dem Verwender eine „gehobene Kenntnis der Sprach- und Satzzeichenvielfalt" zu unterstellen, dürfte hier nicht sehr wirklichkeitsnah sein.

Anders hingegen verhält es sich, wenn in einem Schriftstück tatsächlich das Sonderzeichen ‽ auftaucht. Denn gerade weil es so selten genutzt wird, ist eine Zuordnung bestimmter Schriftstücke mit diesem besonderen Satzzeichen zu einem potenziellen Verfasser recht leicht.

## Das **WESENTLICHE** – auf einen Blick

**1** *Das Interrobang ist ein zulässiges Satzzeichen.*

**2** *Es kann für rhetorische Fragen verwendet werden.*

**3** *Aufgrund seiner seltenen Nutzung ist es ein wichtiger Anhaltspunkt für Graphologen*

## 13
## Das Portemonnaie des Gymnasiasten aus Libyen: Wenn schwierige Wörter verwendet werden – oder eben nicht

Das Vermeiden oder die gezielte Nutzung schwieriger Wörter in Texten ist ein weites Feld der Digitalen Graphologie. Während Schriftstücke mit übermäßig vielen Fremd- oder Fachwörtern meist von ganz allein auffallen, stellt es sich als recht kompliziert dar, das Fehlen bestimmter Worte oder Wendungen überhaupt wahrzunehmen – schließlich fehlen die Wörter ja!

*Gedankenlosigkeit oder **Geltungsbedürfnis**?*

Ohne Frage ist es nachvollziehbar, wenn Menschen beim raschen Verfassen einer E-Mail nicht erst zum Wörterbuch greifen oder die Rechtschreibprüfung ihres Schreibprogramms bemühen wollen, sondern sich einfach mit Alternativwörtern behelfen. So kann das in der Bibliothek gefundene Portemonnaie des Gymnasiasten aus Libyen durchaus zur „in der Bücherei gefundenen Geldbörse eines Schülers aus Nordafrika" werden.

Es gibt einen alten Witz, der in diesem Zusammenhang immer wieder gern erzählt wird und der – trotz aller ihm innewohnenden Überzeichnung – einen wahren Kern enthält. Menschen, die sich schon einmal in der Situation befanden, plötzlich ein kompliziertes Wort schreiben zu müssen, werden schmunzeln:

*Zwei DDR-Polizisten finden einen Toten vor dem Gymnasium und wissen, dass sie zu dem Vorfall später einen schriftlichen Bericht verfassen müssen. „Sag mal", fragt der eine Polizist, „wie schreibt man denn Gymnasium?"*
*Darauf der andere Polizist: „Keine Ahnung. Am besten wir schleppen den Mann vor die Post."*

Diese früher häufig erzählte Anekdote deutet ein Phänomen an, welches in der Digitalen Graphologie von nicht geringer Bedeutung ist: Die bewusste Nutzung einfacher Synonyme für Begriffe, deren korrekte Schreibweise dem Verfasser Probleme bereitet. Allerdings lässt sich diese Wortvermeidungsstrategie – wie bereits angedeutet – nicht ganz so leicht erkennen.

Viel einfacher ist es hingegen, wenn permanent mit bedeutsam klingenden Begriffen jongliert wird. Zwar spricht grundsätzlich nichts dagegen, wenn in der geschäftlichen Korrespondenz Fachbegriffe oder Fremdwörter verwendet werden oder generell ein gehobener Sprachstil zum Einsatz kommt. Dies zumal dort, wo sich Angehörige bestimmter Berufsgruppen untereinander austauschen (Ärzte, Informatiker, Juristen, Verwaltungsmenschen usw.). Problematisch wird die Sache jedoch dann, wenn die Fachsprache derart in die Kommunikation hineinwächst, dass auch gegenüber Dritten nicht mehr allgemeinverständlich gesprochen bzw. geschrieben, sondern auch hier auf einer intellektuell anspruchsvollen Ebene artikuliert wird.

Im Wesentlichen lassen sich drei Gründe für die exzessive Verwendung von Fachbegriffen und Fremdwörtern finden:

- Gedankenlosigkeit (vor allem bei Verfassern zu finden, die einen intensiven Fachaustausch mit Kollegen führen),
- übersteigertes Geltungsbedürfnis,

- der krankhafte Drang, sich gehoben ausdrücken zu wollen.

Während es für die erste Möglichkeit noch nachvollziehbare Gründe gibt, darf ein bewusster Einsatz „überzogener" Sprache als negativer Aspekt der Kommunikation gewertet werden, der letztlich nicht wirklich von Klugheit und Reife zeugt. Denn die weitaus größere Kunst besteht darin, sich klar und verständlich auszudrücken und dem Empfänger des Textes genau die Botschaft zu vermitteln, die ihm zukommen soll.

Übrigens: Für Portemonnaie sieht der Duden auch die alternative Schreibweise Portmonee vor – was die Sache allerdings auch nicht wirklich einfacher macht.

## Das WESENTLICHE – auf einen Blick

**1** *Für das Vermeiden schwieriger Wörter gibt es nachvollziehbare Gründe.*

**2** *Manchmal erfolgt die unpassende Nutzung von Fachsprache aufgrund von Gedankenlosigkeit.*

**3** *Fachbegriffe und eine gehobene Ausdrucksweise entspringen mitunter einem übersteigerten Geltungsbedürfnis.*

# 14

## Toleranz für alle? Genderstern & Co.

Zunächst einmal – ganz nüchtern betrachtet – verlangt die Amtssprache Deutsch auch ein korrektes Schriftdeutsch. Sowohl das Weglassen einzelner Buchstaben als auch das Setzen von Sonderzeichen wie * : _ oder ähnlichem innerhalb von Worten läuft diesem Anspruch zuwider.

> *Auf der **richtigen Seite** stehen wollen.*

Für die Bundesrepublik Deutschland sowie für Österreich, die Schweiz, Liechtenstein und auch für Bozen-Südtirol und die deutschsprachige Gemeinschaft Belgiens und Luxemburgs gilt der „Rat für deutsche Rechtschreibung" als zuständige Institution für sämtliche Fragen der richtigen Anwendung schriftlicher Sprache. Es ist daher ein vollkommen logischer Schluss, sich an den Empfehlungen dieser Instanz zu orientieren und für eine sachlich korrekte, verständliche und lesbare Sprache zu sorgen. Rechtssicherheit und Eindeutigkeit müssen ebenso gewährleistet werden wie der ungehinderte Zugang für Menschen mit Handicap – also etwa für Menschen mit Sehbehinderungen. Ohne Aufwand und unnötige Erschwernisse müssen ferner auch Männer, Frauen und Kinder mit Leseschwäche in die Lage versetzt werden, aus einem Text wesentliche Sachverhalte und Kerninformationen herausnehmen zu können.

Neben alldem muss auch an diejenigen gedacht werden, die keine Muttersprachler sind und Deutsch als Fremdsprache erlernen, beispielsweise Menschen, die aus Kriegsgebieten hierher geflüchtet sind. Mit einem Asterisk (dem sogenannten Genderstern), einem Unterstrich, Doppelpunkt oder ähnlichem wird das erheblich erschwert, wenn nicht gar unmöglich gemacht. Wer sich einer solchen, mit Sonderzeichen gespickten Schriftform bedient, sollte sich also bewusst sein, dass er möglicherweise genau das Gegenteil vom dem erreicht, was er beabsichtigt: Er grenzt Menschen aus. Der Einsatz von typografischen Zeichen innerhalb von Wörtern beeinträchtigt nämlich nicht allein die Verständlichkeit, sondern auch die Vorlesbarkeit und die automatische Übersetzbarkeit von Texten und Begriffen.

Es ist daher richtig, sich an die Empfehlungen des Rates für deutsche Rechtschreibung zu halten. Durch die permanente Verbiegung von Wörtern mit dem Ziel, es „allen recht zu machen" wird nämlich noch lange keine Gerechtigkeit geschaffen, sondern nur die Lesbarkeit erschwert.

Nicht ohne Grund und Verstand hat der Bundesgerichtshof unlängst entschieden, dass mit dem Wort „der Kunde" Menschen beiderlei Geschlechts gemeint sind (Urteil vom 13. März 2018 – VI ZR 143/17).

Die Schwierigkeit des Genderns „mit Sternchen" (Asterisk) zeigt sich exemplarisch in folgendem Beispielsatz:

*„Durch die Einstellung eines/einer Mitarbeiter\*in soll die Personalsituation verbessert werden."*

Die grammatikalische Beugung „eines Mitarbeiters" lässt sich hier jedenfalls nicht korrekt darstellen. Es könnte sich zudem die Frage stellen, wie beispielsweise das Wort „Rechtsanwaltsgebühren" gegendert werden soll und ob der einfach zu verstehende und seit Jahrhunderten genutzte Begriff „Bürgermeister" jetzt wirklich zu „Bürger*innenmeister*in" werden muss – was für ein Wortungetüm!

Solche Herausforderungen gehören dann wohl auch zu den Gründen, warum die meisten Gesetzestexte weiterhin das generische Maskulinum verwenden. Ausnahmen wie die Bauordnung für Berlin (BauO Bln) bestätigen hier allerdings die Regel. So heißt es zum Zeitpunkt der Niederschrift dieser Zeilen in § 53 Absatz 1 Satz 5 der besagten Vorschrift:

> *„Ein Wechsel der Entwurfsverfasserin oder des Entwurfsverfassers hat die Bauherrin oder der Bauherr der Bauaufsichtsbehörde mitzuteilen. Sie oder er hat vor Baubeginn den Namen der Bauleiterin oder des Bauleiters und während der Bauausführung einen Wechsel dieser Person unverzüglich der Bauaufsichtsbehörde mitzuteilen. Wechselt die Bauherrin oder der Bauherr, hat die neue Bauherrin oder der neue Bauherr dies der Bauaufsichtsbehörde unverzüglich mitzuteilen."*

Zwar wird hier auf Sternchen, Doppelpunkte und andere Sonderzeichen zur Schaffung einer gendergerechten Sprache verzichtet, die Wahrnehmung des Textinhaltes ist durch den permanenten Gebrauch beider Geschlechterformen jedoch massiv erschwert. Im obigen Beispiel haben die Verfasser der Berliner Bauordnung bei – oder wegen? – allem Gender-Eifer zudem den Fehler am Satzanfang übersehen, wo es *„Einen"* und nicht *„Ein"* heißen müsste – wie peinlich!

Leider nimmt der Druck, sich dem Trend einer „gerechten Sprache" zu beugen – vor allem in der öffentlichen Kommunikation – immer mehr zu. Neben dem Wunsch, möglichst modern erscheinen zu wollen, finden Menschen in der Nutzung der Genderformen eine Bestätigung, zu den „Guten" zu gehören und „auf der richtigen Seite" zu stehen. Unter den Aspekten der Digitalen Graphologie betrachtet, sollte dies immer mitbedacht werden.

Tipp: Wer – etwa aufgrund beruflicher Zwänge – nicht umhinkommt, eine „geschlechtergerechte Sprache" in der geschäftlichen Kommunikation nutzen zu müssen, der könnte die nachfolgend genannten möglichen Anredeformen verwenden:

- *„Sehr geehrte Damen, Herren und alle, die diese Nachricht erreicht!"*
- *„Liebe Angeschriebene, sehr geehrte Damen und Herren!"*
- *„Liebe Mitarbeiter, Mitarbeiterinnen sowie all jene, die sich weder als Mann noch als Frau verstehen!"*

Fazit: Genderstern & Co. ändern an eventuell bestehenden Diskriminierungen wie einer unterschiedlichen Entlohnung von Männern und Frauen nichts. Beim Vorlesen durch einen Sprachassistenten oder Screenreader kommt es stattdessen regelmäßig zu Problemen, wenn dudenfremde Wörter mit eingefügten Sonderzeichen, Unterstrichen, Doppelpunkten usw. verwendet werden, was für Sehbehinderte überaus ungünstig ist.

## Das **WESENTLICHE** – auf einen Blick

**1** *Gendersterne und andere Sonderzeichen bekämpfen keine Ungerechtigkeiten.*

**2** *Die Nutzung erschwert den Lesefluss und benachteiligt Sehbehinderte.*

**3** *Es gibt gute Alternativen.*

# Teil 2

Tipps, Ratschläge und Ideen
für eine gelingende digitale Kommunikation

# 15

## Gute Gründe für korrektes Schreiben

Sich schriftlich gewählt, vor allem aber korrekt ausdrücken zu können ist genauso wichtig, wie eine gute mündliche Kommunikation. Schließlich wirkt sich die Fähigkeit, klar und präzise zu schreiben, positiv auf die Beziehung zu anderen Menschen aus. Ob im Kontakt mit Kunden oder Mitarbeitern, ob beim privaten Austausch mit Freunden oder im Rahmen geschäftlicher Korrespondenz mit Handelspartnern – ansprechend und in richtigem Deutsch verfasste Texte machen den Leser empfänglicher für die zu vermittelnde Botschaft als nachlässig oder fehlerhaft erstellte Schreiben. Es gibt daher gute Gründe, die eigene Schreibfähigkeit zu überprüfen und – sofern das nötig sein sollte – zu verbessern. Hierbei ist es gleich, ob es um einen Geschäftsbrief, eine E-Mail oder auch „nur" um einen Beitrag für ein Soziales Netzwerk (beispielsweise auf der unternehmenseigenen Facebook-Seite) geht. In richtigem Deutsch und ansprechender Form schreiben zu können, ist auf jeden Fall eine Kunst, die sich in vielfacher Hinsicht auszahlt.

> *Damit die* **Botschaft** *ankommt.*

Leider lässt sich beobachten, dass viele Seminare zu einer gelingenden Kommunikation vor allem die mündlichen Kontakte mit anderen Menschen zum Thema haben. Das Schreiben hingegen gerät viel zu oft in Vergessenheit. Dabei ist es von großer Wichtigkeit, den eigenen Fähigkeiten einer überzeugenden schriftlichen Ausdrucksform und nicht zuletzt der richtigen Anwendung orthografischer Regeln Aufmerksamkeit zu widmen.

Der Austausch per geschriebenem Wort ist ein wesentlicher Teil der zwischenmenschlichen Kommunikation, sei es im privaten oder geschäftlichen Bereich.
Schlecht verfasste Texte mit schwer verständlicher Satzbildung oder übersät mit Rechtschreibfehlern vermitteln nicht nur einen leichtfertigen und unprofessionellen Eindruck, sie verhindern vielmehr auch die vollständige Wahrnehmung der beabsichtigten Botschaft. Bestenfalls führt das beim Empfänger nur zu einem kurzen Kopfschütteln, schlimmstenfalls wenden sich Kunden oder Geschäftspartner dauerhaft ab. Denn – so der unterschwellige Eindruck – wer nachlässig schreibt, ist auch ein nachlässiger Mensch.

Doch warum ist es überhaupt so elementar, sich schriftlich gut ausdrücken zu können?

Nun, denken Sie kurz daran zurück, als Sie zum letzten Mal eine E-Mail erhalten haben, die voller Tipp- und Rechtschreibfehler war. Wie haben Sie darauf reagiert? Was haben Sie gefühlt, wie den Absender beurteilt? Haben Sie ihn im Stillen vielleicht sogar verurteilt?
Oder welchen Eindruck hätten Sie von einem Geschäftspartner, der Ihnen in verwirrend aufgebauter und vollkommen unstrukturierter Weise per Brief eine Kooperation anbietet?
Vermutlich würden Sie in beiden Fällen auf den Gedanken kommen, der Absender hätte sich wenig Mühe gegeben, Sie mit seinem Anliegen zu erreichen.

Natürlich kann es sein, dass die betreffende Person – aus welchen Gründen auch immer – individuelle Schwierigkeiten mit der Deutschen Sprache hat und selbstverständlich kommt es beispielsweise bei einem Malerbetrieb letztlich viel mehr darauf an, dass die Kollegen fachmännisch mit Farbe und Pinsel umgehen können als fehlerfrei zu schreiben. Dennoch: Unordentliche Texte voller Fehler wirken nachlässig und unseriös. So kann dann leider auch eine brillante Idee oder eine wichtige Botschaft sehr viel von ihrer Kraft verlieren.

All das sollte jeder bedenken, der – beruflich oder privat – Texte zu verfassen hat. Denn ob eine E-Mail oder ein sonstiges Schriftstück wirklich gut ankommt, hängt vor allem vom richtigen Umgang mit der Sprache ab.

# 16

## Den richtigen Gebrauch der Schriftsprache lernen ist nicht schwer

Beim Verfassen von Texten, die beim Empfänger auf positive Resonanz stoßen, geht es nicht darum, möglichst viele schwierige oder ungewöhnliche Wörter zu verwenden oder sich durch eine poetische oder gar blumige Sprache hervorzutun. Gute Texte sind vielmehr geradlinig, klar und durchdacht.

> *Den Adressaten **vor** **Augen** haben.*

Schriftliche Botschaften kommen dann gut an, wenn sie ein Beleg dafür sind, dass sich der Verfasser in jeder Hinsicht für seine Sache engagiert, den Adressaten vor Augen hat und Zeit in sein Anliegen investiert.

Das Schreiben eines Textes ist eng mit dem Denken verknüpft. Klarheit im Text ist immer auch ein deutliches Zeichen für Klarheit im Denken. Daher ist es wichtig, zum einen ausreichend Zeit für das Verfassen eines Schriftstücks einzuplanen, zum anderen aber auch in das Erlernen der wichtigsten orthografischen und strukturellen Grundregeln digitaler Kommunikation zu investieren.
Da Sie das vorliegende Buch studieren, haben Sie hierfür bereits eine hervorragende Voraussetzung geschaffen.

In diesem zweiten Teil des *Handbuchs Digitale Graphologie* dreht sich alles ums richtige Schreiben. Von der kleinen Nachricht im Messenger an Ihre Mitarbeiter über den Kundenkontakt per E-Mail bis hin zum PDF-Projekt an einen Auftraggeber – mit den wichtigsten Eckpunkten für eine gelingende Korrespondenz haben Sie gute Karten, den Empfänger Ihrer Botschaft zu begeistern. Und – ganz nebenbei – werden Sie möglicherweise eine bisher nicht gekannte Faszination für so manche Besonderheit entdecken, welche die deutsche Sprache bereithält.

# 17

## So geht es richtig: Wörtliche Rede in Texten

Nicht nur in Romanen, Erzählungen und Berichten kommt wörtliche Rede vor. Vielmehr hat sie auch in der geschäftlichen Kommunikation ihre Bedeutung. So werden zum Beispiel Kundenstimmen zitiert, Vorschläge für Werbebotschaften ausgetauscht oder Protokolle von Besprechungen verfasst.

> *Das Augenmerk gilt der* **Position** *von Satzzeichen.*

Die wörtliche Rede kommt immer dann zum Einsatz, wenn wiedergegeben werden soll, was jemand gesagt hat. Damit das korrekt und gemäß den Vorgaben der deutschen Rechtschreibung erfolgt, müssen bestimmte Satzzeichen in richtiger Weise verwendet werden. Dass dies nicht mit dem alleinigen Einfügen von Anführungsstrichen getan ist, liegt auf der Hand.

Fehlerquellen bei der Darstellung wörtlicher Rede in einem Text lauern hauptsächlich in der vorschriftsmäßigen Platzierung der zugehörigen Satzzeichen. Relativ einfach verhält sich die Sache noch im folgenden Beispiel:

> *Der Kunde rief an und sagte: „Mit der Qualität des gelieferten Produktes bin ich absolut nicht einverstanden."*

Sowohl der einleitende, nicht zur wörtlichen Rede gehörende Begleitsatz („Der Kunde rief an und sagte") sowie der folgende Doppelpunkt dürften von den meisten Verfassern intuitiv richtig angewendet werden. Schwieriger wird es bei der Position des die wörtliche Rede beenden Satzschlusszeichens, im Beispiel also des Punktes. Hier sind sich nicht wenige Autoren unsicher, ob der Punkt innerhalb oder außerhalb der Anführungszeichen zu setzen ist.

Richtig ist gemäß § 90 der aktualisierten Fassung des amtlichen Regelwerks entsprechend den Empfehlungen des Rats für deutsche Rechtschreibung 2016 (Ausgabe 2018), dass Satzzeichen, die zum wörtlich Wiedergegebenen gehören, vor dem abschließenden Anführungszeichen platziert werden. Einfach ausgedrückt: Der Punkt gehört vor die Anführungszeichen.

Etwas anderes gilt, wenn der Beispielsatz wie folgt lautet:

*Der Kunde rief an. „Mit der Qualität des gelieferten Produktes bin ich absolut nicht einverstanden", sagte er.*

Hier ist das Komma als zum Begleitsatz gehörendes Satzzeichen nach dem abschließenden Anführungszeichen zu platzieren.

Möglich ist ferner eine Kombination aus beidem. Zu finden ist diese Form vor allem bei Fragesätzen oder in Verbindung mit Ausrufezeichen:

*„So eine mindere Qualität habe ich selten gesehen!", empörte sich der Kunde.*

Oder:

*„Ist das wirklich Ihr Ernst, mir ein Produkt von so minderwertiger Güte zu senden?", fragte der Kunde.*

Gemäß der vorgenannten Regel (§ 90) steht hier das zur wörtlichen Rede gehörende Satzzeichen (Frage- bzw. Ausrufezeichen) innerhalb der Anführungszeichen. Das zum Begleitsatz gehörende Komma folgt nach dem abschließenden Anführungszeichen.

Erwähnt werden muss ferner die Möglichkeit, dass der die wörtliche Rede begleitende Satz innerhalb dieser eingebettet ist, es also beispielsweise heißt:

*„Ohne Frage", sagte der Kunde, „dieses Produkt ist von minderwertiger Qualität."*

In einem solchen Fall wird der Begleitsatz von einem Komma an seinem Anfang und einem weiteren Komma an seinem Ende umschlossen.

Wer diese Grundregeln verinnerlicht hat, verfügt über die wichtigsten Kenntnisse im Zusammenhang mit wörtlicher Rede in Texten und kann verhindern, dass der Empfänger eines von ihm verfassten Schriftstücks ärgerliche Fehler aufspürt.

## Das **WESENTLICHE** – auf einen Blick

**1** *Wörtliche Rede gibt es auch in der geschäftlichen Kommunikation.*

**2** *Vor allem bei der Position der Satzzeichen herrscht oft Unsicherheit.*

**3** *Die wichtigsten Grundkenntnisse der wörtlichen Rede in Texten zu kennen, schützt vor Ärger beim Empfänger entsprechender Schriftstücke.*

# 18

## Vorsicht Autokorrektur!

Manchmal muss die Digitale Graphologie versagen. Dies ist immer dann der Fall, wenn Autokorrektursysteme für den textlichen Schlamassel verantwortlich sind, der da fabriziert wird und Handynutzer oder die Verfasser von E-Mails in peinliche Situationen bringen.

*Autokorrekturen können **viel Ärger** bereiten!*

Das bereits vor mehr als 30 Jahren erstmals in Textverarbeitungssoftware integrierte System zur aktiven Fehlererkennung und -beseitigung umfasst die häufigsten Tippfehler und sorgt mit einer Korrektur direkt bei der Eingabe für die Beseitigung von Fehlern. Auch Wortergänzungs- und Wortfolgevorschläge, die in erster Linie vom Schreiben auf Smartphones oder Tablets bekannt sind, gehören zu diesem Bereich.

Technisch geschieht die Autokorrektur bzw. Wortergänzung entweder durch den Rückgriff auf ein in der lokal installierten Software enthaltenes Wörterbuch oder aber durch die Nutzung von Online-Tools, welche einer statistischen Auswertung von Texten dienen. Ausgeklügelte Algorithmen durchsuchen dabei Literaturdatenbanken, elektronische Lexika und viele andere Quellen um die getippten Wörter auf ihre Richtigkeit und Sinnhaftigkeit zu überprüfen. Moderne Korrektursysteme versuchen, hierbei auch den Kontext zu berücksichtigen, in welchem das jeweilige Wort steht.

So nützlich eine Umwandlung von Tippfehlern wie „dsa" zu „das" oder „Felher" zu „Fehler" auch sein mag, ohne nachfolgende manuelle Prüfung sollte keine E-Mail-Nachricht, kein Geschäftsbrief und auch kein Messenger-Beitrag abgesandt werden.

Neben dem als Cupertino-Effekt bekannten Phänomen, dass ein softwaregestütztes Rechtschreibprüfprogramm wegen zufälliger Ähnlichkeit von genutzten Zeichen ein völlig unsinniges und nicht zum Kontext passendes Ersatzwort in den Text einfügt, kann es nämlich auch zu „Korrekturen" kommen, die viel Potenzial für Ärger bieten.

Ein Beispiel hierzu stammt aus meinem Bekanntenkreis: Der Pastor meiner damaligen Gemeinde schrieb eine E-Mail an einen befreundeten Kollegen, um diesen für einen bestimmten Gottesdienst als „Gastprediger" einzuladen. Die Autokorrektur seines Textverarbeitungsprogramms machte aber aus „Gastprediger" ungefragt „Hassprediger" – ein Begriff, welcher im internen Wörterbuch offenbar aufgeführt war.

Zu seinem Glück bemerkte der Pastor die ungewollte Umwandlung noch vor dem Absenden der E-Mail. Wer weiß, was er sonst für eine Antwort erhalten hätte.

Dieses – wie viele ähnliche Beispiele – zeigt, dass die finale Prüfung jedes abzusendenden Schriftstücks (E-Mail, Geschäftsbrief, Social-Media-Beitrag usw.) elementar ist und auf keinen Fall unterbleiben darf.

Um diesen Schritt im Arbeitsalltag fest zu integrieren kann es sinnvoll sein, die Autokorrektur in den genutzten Textverarbeitungssystemen abzuschalten und sich mögliche Tippfehler lediglich von der Rechtschreibprüfung anzeigen zu lassen. So wird eine manuelle Kontrolle quasi erzwungen und das Risiko für ungewollte und *falsche Berichtigungen* beseitigt.

Übrigens: Nicht nur die Autokorrektur kann in der elektronischen Kommunikation Probleme bereiten. Vielmehr sorgen auch die sogenannten Sperrlisten immer wieder für Aufsehen. Diese, zur Verhinderung von Beleidigungen mit vulgären Ausdrücken oder dem Unterbinden von Spam-Nachrichten entwickelten Systeme haben es nämlich manchmal schwer, Nachrichten mit tatsächlich zu stoppenden Wörtern von Begriffen zu trennen, in denen Buchstabenfolgen mit einem identischen Muster auftauchen. Als Beispiel seien hier die Worte „Wirtschaft*sex*perte" und „Nachti*schlampe*" genannt.

Sollte hier beim Scan des Mailverkehrs ein vermeintlicher Treffer signalisiert werden, ist es durchaus möglich, dass die betreffende Nachricht ihren Empfänger nie erreicht, sondern von den automatischen Systemen vor der Zustellung geblockt wird.

Leider gibt es für dieses Phänomen keine wirkungsvolle Abhilfe. Durch die „Lernfähigkeit" der oft mit Künstlicher Intelligenz (KI) arbeitenden Sperrlisten-Software darf jedoch auf baldige Besserung dieser Problematik gehofft werden.

## Das **WESENTLICHE** – auf einen Blick

**1** *Die Autorkorrekturfunktion kann unter Umständen für viel Ärger sorgen.*

**2** *Jeder Text sollte vor dem Versenden vom Verfasser kontrolliert werden.*

**3** *Es kann sinnvoll sein, die Autokorrektur abzuschalten.*

# 19

## So geht es richtig: Korrekt zitieren

Wenn in einem Text zitiert werden soll, muss das immer korrekt erfolgen. Zwar drohen bei einer Kommunikation im nichtöffentlichen Rahmen in aller Regel keine Sanktionen wegen möglicher Urheberrechtsverletzungen, ein vorschriftsmäßiger Umgang mit Zitaten sollte dennoch selbstverständlich sein.

> *Texte mit Zitaten **dosiert** würzen.*

Um das zu erreichen, sind die nachfolgend genannten Punkte wichtig:

- Der Umfang kann selbst festgelegt werden

    Für den nichtöffentlichen Bereich gibt es keine Regel, wie viel oder wie wenig Text zitiert werden darf. Ob nur ein einziges Wort, ein Satz, ein ganzer Absatz oder sogar noch mehr, bleibt dem Verfasser überlassen und hängt in erster Linie davon ab, was mit dem Zitat erreicht bzw. ausgesagt werden soll.

- Stets die genaue Quelle angeben

    Zu jedem Zitat gehört die Angabe der genauen Quelle. Während in veröffentlichten Texten hierfür ziemlich umfassende und strenge Formvorgaben bestehen, kann es im privaten oder nichtöffentlichen Bereich genügen, eine Kurzform der Quellenangabe zu nutzen.

Das kann dann beispielsweise so aussehen:

*„Vergessen lohnt immer"*
(Max Meiersberger in „Dringende Bitten")

- Auslassungen kennzeichnen!

    Sofern in einem Zitat Textteile ausgelassen werden, muss das gekennzeichnet werden. Dies erfolgt gewöhnlich durch die Einfügung der Zeichenfolge [...]. Grundsätzlich kann jedoch jedes Zitat an jeder beliebigen Stelle begonnen oder beendet werden. Der wesentliche Sinn sollte dabei natürlich erhalten bleiben.

- Auch die Wiedergabe in eigenen Worten ist möglich

    Grundsätzlich müssen Zitate den Ursprungstext wortwörtlich wiedergeben. Es muss also im Grunde jeder Buchstabe genauso im Zitat erscheinen, wie er im Original auftaucht. Möglich ist es aber auch, statt eines Zitates nur den Sinn der Aussage in eigenen Worten wiederzugeben. Nicht immer ist es für den Leser unbedingt nötig, das Zitat in seiner ursprünglichen Form zu lesen.

- Optische Hervorhebung von Zitaten

    Optisch kann das Zitat entweder direkt in den Fließtext integriert oder durch einen Absatz (eine Leerzeile) als Blockzitat hervorgehoben werden. Die Nutzung von Anführungszeichen auf beiden Seiten des Zitats ist dabei gängiger Standard. Grundsätzlich sind Blockzitate immer dann zu empfehlen, wenn ein längerer Text zitiert werden soll.

- Wörtliche Rede im Zitat

    Sollte das genutzte Zitat wörtliche Rede enthalten, werden sowohl einfache als auch doppelte Anführungszeichen benutzt. Beispiel:

    *Bernd Schneider schrieb in seiner Autobiographie: „Ich kann es nicht mehr hören, wenn mir ständig jeder ‚Alles Gute' wünscht."*

- Vorgehen bei Fehlern im Zitat

    Enthält das originale Zitat einen Rechtschreibfehler, muss dieser grundsätzlich übernommen werden. Um zu verhindern, dass der Empfänger der Nachricht denkt, dass der Fehler erst im Nachhinein und durch den Verfasser der E-Mail, des Geschäftsbriefes o. ä. erfolgt ist, wird hinter das „falsche" Wort die Anmerkung [sic!] gesetzt. Sie leitet sich ab vom lateinischen „sīc scriptum erat" („so wurde es geschrieben"). Durch den Zusatz [sic!] weiß der Empfänger also, dass der Fehler so auch schon im Original stand, welches hier wörtlich zitiert wird.

## Das **WESENTLICHE** – auf einen Blick

**1** *Zitate können einem Text die nötige Würze verleihen und eigene Aussagen unterstützen.*

**2** *Beim Zitieren muss der Originalwortlaut beachtet werden; die Quelle ist korrekt anzugeben.*

**3** *Möglich sind Zitate sowohl im Fließtext als auch im Blocksatz.*

# 20

## Fallstricke im Text: Die Firma

§ 17 Absatz 1 des Handelsgesetzbuches (HGB) regelt: *„Die Firma eines Kaufmanns ist der Name, unter dem er seine Geschäfte betreibt und die Unterschrift abgibt".* Aus dieser Rechtsbestimmung ergibt sich klar, dass es sich bei dem Begriff „Firma" nicht um ein Unternehmen im Sinne von Gebäude, Mitarbeiter, Maschinen, Produkten usw. handelt, sondern das „die Firma" *der Name* eines Unternehmens ist – nicht weniger, aber auch nicht mehr.

> *Firma* = **Name.**
> *Nichts anderes.*

Der Satz *„Unsere Firma hat sich auf die Produktion von Geschirrspülmitteln spezialisiert"* ist demnach genauso falsch wie die Einladung *„Kommen Sie mich am besten am nächsten Dienstag in meiner Firma besuchen."*

Angesichts der Tatsache, dass sich der eher „saloppe" Umgang mit dem Begriff „Firma" im allgemeinen Sprachgebrauch tief eingegraben hat und sogar Geschäftsführer und andere leitende Mitarbeiter großer deutscher Unternehmen davon sprechen, dass ihre *„Firma zum Marktführer in Europa geworden"* sei oder ihre *„Firma im letzten Quartal ein um 300 Prozent besseres Ergebnis erzielt"* hätte, darf eine falsche (oder besser gesagt: *großzügige*) Benutzung dieses Wortes nicht zu streng gerügt werden.

Gleichzeitig ist es aber wichtig, die korrekte Sprachregel zu kennen und im geschäftlichen Schriftverkehr entsprechend anzuwenden.

Denn es mag sein, dass „Firma" umgangssprachlich sehr häufig als Synonym für „Unternehmen" verwendet wird, strenggenommen ist diese Nutzung jedoch falsch.

Wer auf der Suche nach einer anderen Bezeichnung für Unternehmen ist, kann Ausdrücke wie Betrieb, Geschäft, Werk, Produktionsstätte usw. verwenden.

## Das **WESENTLICHE** – auf einen Blick

**1** Der Begriff „Firma" wird häufig falsch verwendet.

**2** Das Wort Firma meint ausschließlich den Namen eines Unternehmens.

**3** Im geschäftlichen Schriftverkehr sollte die Bezeichnung korrekt genutzt werden.

# 21

## So geht es richtig:
## Bindestriche und Gedankenstriche

Es gibt Feinheiten in der deutschen Schriftsprache, die nicht jeder kennt und die daher oftmals zu Fehlern in der korrekten Anwendung führen. Hierzu gehört zweifelsohne der kaum bekannte Unterschied zwischen einem Bindestrich (-) und einem Gedankenstrich (–). Während Bindestriche sowohl bei der Silbentrennung als auch bei implizierten Wortarten und Zusammensetzungen mit Buchstaben, Buchstabengruppen, Zahlen, Ziffern und Abkürzungen verwendet werden, kommen Gedankenstriche überall dort zum Einsatz, wo eine sprachliche Pause vor ergänzenden Zusammenfassungen, einem Kommentar oder vor einer unerwarteten Wendung geschaffen werden soll. Beispielsweise also in folgendem Satz:

> *„Es gibt 24 Amtssprachen in der Europäischen Union – die meisten davon gehören zur indogermanischen Sprachfamilie."*

> *Immer das **richtige Zeichen** nutzen!*

Oder auch:

> *„Er hatte auf ein ferngesteuertes Auto als Weihnachtsgeschenk gehofft und bekam – ein Paar rote Socken."*

Neben alldem finden sich Gedankenstriche überall dort, wo es gilt, zwei Zahlen- bzw. Zeitangaben im Sinne eines „von – bis" zu schreiben.

Nach einem Gedankenstrich kann bei Bedarf ein Komma oder ein Semikolon gesetzt werden – in einem solchen Fall ohne Leerzeichen unmittelbar nach dem Gedankenstrich –; für eine bessere Lesbarkeit kann das Komma aber ohne Verletzung grammatikalischer Regeln auch weggelassen werden.

Ein Bindestrich wird bei Kombinationen von Eigennamen mit Worten verwendet wie etwa bei „VW-Werkstatt", „Shell-Tankstelle" oder „ARD-Morgenmagazin". Auch bei Zusammensetzungen wie „deutsch-polnische Freundschaft" oder „bayerisch-österreichische Grenze" kommt der Bindestrich zur Anwendung.

Schließlich wird auf Bindestriche bei Auslassungen aufgrund eines Wort-Sinn-Zusammenhangs zurückgegriffen, also beispielsweise, wenn es heißt: „Der Versicherungs- und Finanzdienstleistungssektor."

Wichtiges Erkennungs- bzw. Unterscheidungsmerkmal: Vor und nach einem Bindestrich steht grundsätzlich nie ein Leerzeichen, es sei denn, der Bindestrich wird zu Auslassung verwendet (z. B. bei „Maler- und Lackiererhandwerk").

Optisch ist der Unterschied zwischen den beiden Strichvarianten leicht zu erkennen: Der Gedankenstreich ist dünner und knapp doppelt so lang wie ein Bindestrich.

Während der Bindestrich auf der Tastatur leicht zu finden ist und von praktisch jedem Text-Verfasser intuitiv genutzt wird, muss der Gedankenstrich (von der sogenannten Auto-Ersetzen-Funktion in manchen Textverarbeitungsprogrammen abgesehen) unter Nutzung der Befehle [ALT] + [0150] (numerische Tastatur unter Windows) bzw. [ALT] + [–] (beim Mac) mit zusätzlichem Aufwand in den Text eingefügt werden.

Noch ein Hinweis zur Nutzung von Strichzeichen im Falle der Wiedergabe mathematischer Sachverhalte: Hier sollten Sie sowohl innerhalb eines Fließtextes als auch bei Formeln und in Tabellen als Subtraktionszeichen oder als Zeichen für negative Zahlen vorzugsweise ein „echtes Minuszeichen" verwenden.
Dieses Zeichen entspricht in seiner optischen Gestaltung und der Länge dem waagerechten Strich des Pluszeichens (+) sowie den beiden parallel verlaufenden Strichen beim Gleichheitszeichen (=). In den Standardschriftarten wie Arial, Times New Roman oder Garamond entspricht die Strichlänge exakt der typografischen Breite der Ziffern 0 bis 9.

Erstellt wird das „echte Minuszeichen" in Windows per Tastenkombination [ALT] + [8722] (auf dem Nummernblock), beim Mac aus der Zeichenpalette [CTRL] + [CMD]+[Leertaste].
Scheitert das aufgrund von fehlenden technischen Voraussetzungen oder wird gar eine klassische mechanische Schreibmaschine zur Texterstellung verwendet, kann das Minuszeichen durch einen Bindestrich ersetzt werden; die Ersetzung durch einen Gedankenstrich ist jedoch in keinem Fall zulässig.

## Das **WESENTLICHE** – auf einen Blick

**1** *Bindestriche und Gedankenstriche haben unterschiedliche Funktionen.*

**2** *Oft werden in Texten aus Unkenntnis die falschen Zeichen genutzt.*

**3** *Neben Bindestrich und Gedankenstrich gibt es auch das „echte Minuszeichen".*

# 22

## Fallstricke im Text: Anredeform Du oder Sie?

Im Bereich der Endkundenansprache hat das „Du" in den letzten Jahren einen starken Auftrieb erfahren. Diese Entwicklung betrifft entsprechenden Beobachtungen zufolge nicht nur eine junge und damit als unkompliziert angesehene Zielgruppe, vielmehr werden längst Menschen aller Altersgruppen mit dem vertraulichen „Du" angesprochen. Angefangen beim schwedischen Möbelhändler über Bekleidungsgeschäfte und Versandhäuser bis hin zu Stromversorgern und sogar Banken ist diese Anredeform immer öfter zu finden.

> *Ein „Du" kann* **übergriffig** *wirken.*

Dass dies nicht jedem gefallen mag, scheint dabei ohne große Bedeutung zu sein und offenbar nichts an der Fortführung einer solchen Marketingstrategie zu ändern.

Zwar könnte es wegen des in Internetforen und auf Social-Media-Kanälen üblichen „Du" auch für konservative Unternehmen und Branchen bzw. für die Kommunikation im innergeschäftlichen Verkehr denkbar sein, sich der Du-Form zu bedienen. Wie die Anrede auf den klassischen Kontaktwegen mit Kunden und auf Verwaltungsebene zu erfolgen hat, sollte sich jedes Unternehmen jedoch gut überlegen. Denn möglicherweise erkennen immer mehr Verbraucher, dass hinter dem „Du" ganz andere Motive stecken als nur Freundlichkeit. Längst hat es sich nämlich herumgesprochen, dass es dem Kunden schwerer fällt, ein vertraulich anmutendes Angebot abzulehnen, als wenn dieses in distanzierter Weise offeriert wird.

Das „Du" will nicht selten eine Nähe erzeugen, die gar nicht da und oft auch nicht erwünscht ist. Es beseitigt nicht nur Grenzen und Abstand zwischen zwei Gesprächspartnern, es wirkt vielmehr häufig übergriffig und hinterlässt einen bitteren Beigeschmack. Wer zum Beispiel möchte seine Beschwerde über die mangelhafte Qualität eines Zustelldienstes auf der Ebene einer fröhlich-vertrauten Duz-Freundschaft mit dem Kundendienst diskutieren? Ein klassisches „Sie" zeugt hier viel eher von professioneller Distanz und ist eindeutig die bessere Wahl.

Klar sollte somit sein: Das klassische „Sie" mag bei manchem Adressaten einen leicht angestaubten Eindruck hervorrufen. Einer ungefragten Ansprache im vertraulichen „Du" hingegen wohnt deutlich mehr Potenzial für Missempfindungen und schlimmstenfalls auch für negative wirtschaftliche Folgen auf Seiten des so kommunizierenden Unternehmens inne.

Es sollte sich ohnehin niemand gezwungen fühlen, die Du-Form in seiner schriftlichen (oder auch mündlichen) Kommunikation zu verwenden, nur „weil alle das tun" oder „weil es modern ist." Sich vermeintlich neuen sprachlichen Gepflogenheiten zu unterwerfen, ohne selbst davon überzeugt zu sein, ist vermutlich eine denkbar schlechte Basis für einen freundlichen, wahrhaftigen und ehrlichen Austausch.

Noch ein paar Worte zur Groß- bzw. Kleinschreibung von „Du" und „Sie": In der regelkonformen Anwendung wird das Anredepronomen „du" genauso wie die Pluralform „ihr" kleingeschrieben. Gleiches gilt auch für „dein" und „euer" sowie „deinesgleichen" oder „eurerseits".

Davon abweichend ist es im Rahmen einer persönlichen Botschaft, also etwa in einer E-Mail, einer Messenger-Nachricht oder einer SMS (mit der der Empfänger vom Absender direkt angesprochen wird) zulässig und sogar empfehlenswert, das „Du" großzuschreiben. Auf diese Weise wird eine individuelle, vertraute Wertschätzung vermittelt, die in aller Regel einen positiven Eindruck beim Adressaten hinterlässt.

Da – wie eingangs dargelegt – in der geschäftlichen Kommunikation ohnehin die Sie-Form gewählt werden sollte, spielt die Frage nach einer Groß- oder Kleinschreibung in diesem Bereich keine Rolle, „Sie" als Anrede wird immer großgeschrieben.

### Das **WESENTLICHE** – auf einen Blick

**1** *Die Du-Form in der geschäftlichen Kommunikation will gut überlegt sein.*

**2** *Ein klassisches „Sie" zeugt in aller Regel von professioneller Distanz.*

**3** *Bei direkter persönlicher Ansprache eines Adressaten darf „Du" großgeschrieben werden.*

# 23
# So geht es richtig:
# Die drei Auslassungspunkte

Gemäß § 99 der aktualisierten Fassung des amtlichen Regelwerks entsprechend den Empfehlungen des Rats für deutsche Rechtschreibung 2016 (Ausgabe 2018) wird mit drei Punkten (Auslassungspunkten) angezeigt, dass in einem Wort bzw. Satz oder Text bestimmte Teile ausgelassen worden sind, die vom Leser in Gedanken hinzugefügt werden. Beispiel:

> *Häufig eine Frage von Stil und Optik.*

> *„Konnte es wirklich sein, dass er ... nein, wohl kaum."*

Befindet sich das ausgelassene Wort bzw. die Wortgruppe am Satzende, entfällt nach den drei Auslassungspunkte der Satzschlusspunkt (vgl. § 100 des amtlichen Regelwerks des Rats für deutsche Rechtschreibung 2016). Beispiel:

> *„Die Tür öffnete sich, er trat heraus und dann ..."*

Allerdings gibt es zwei relevante Ausnahmen von dieser Regel. Steht nämlich das Auslassungszeichen (beispielsweise innerhalb eines Zitates) in Klammern, wird ein Satzschlusspunkt gesetzt. Beispiel:

> *„Ein altes Zitat sagt 'Reden ist Silber, Schweigen (...)'. Doch das ist nicht immer so!"*

Auch dann, wenn das Auslassungszeichen innerhalb wörtlicher Rede im Satz steht, bleibt es beim Satzschlusspunkt:

*„Ulbricht hatte das Wort ergriffen und den berühmt gewordenen Satz angestimmt ‚Niemand hat die Absicht ...'".*

Bei Auslassungen innerhalb von Zitaten erfolgt die Setzung der drei Punkte in Klammern. Beispiel:

*„Es ist eine gute Sache, sich von allzu lauten Menschen wegzuwenden (...) und auf diese Weise innere Ruhe zu finden."*

Ausgelassen wurde hier der Textteil *„sowie auf Straßen mit wenig Verkehr zu wandeln".*

Handelt es sich um wissenschaftliche oder juristische Texte erfolgt die Auslassung in aller Regel in eckigen Klammern. Beispiel:

*„Ob der Betrag dem Konto noch am Eingangstag gutgeschrieben wird [...] ist dabei ohne Bedeutung."*

Ausgelassen wurde hier der Textteil *„oder ob dies nicht mehr möglich war, weil der Betrag erst nach dem sogenannten Buchungsschnitt einging".*

Für die Nutzung von Auslassungspunkten sprechen in erster Linie stilistische Gründe. Manche Texte klingen einfach lebendiger, wenn diese Form der sprachlichen Gestaltung zum Einsatz kommt. Auch die Lesbarkeit sehr langer oder komplexer Textabschnitte kann durch die Anwendung von Auslassungspunkten verbessert werden.

Zum Einfügen des Auslassungszeichens „..." in Texte steht sowohl unter Windows als auch für Mac eine eigene Tastenkombination zur Verfügung. Mit [STRG] + [ALT] + [Punkt] wird es in Windows erzeugt, beim Mac durch Drücken von [ALT] + [Punkt]. In der Praxis dürfte es jedoch sehr selten vorkommen, dass diese Tastenkombinationen tatsächlich verwendet werden. Die meisten Verfasser werden stattdessen auf die simple Variante des Setzens von drei einfachen Punkten zurückgreifen. Typografisch zeigt sich dabei – zumindest bei den gängigen Standardschriftarten – kein sichtbarer Unterschied. Lediglich die Zeichenzahl sinkt bei der Anwendung des durch die vorgenannten Tastenkombinationen erzeugten Symbols.

Wichtig ist sowohl bei der Nutzung von [STRG] + [ALT] + [Punkt] bzw. [ALT] + [Punkt] und dem Setzen von drei einzelnen Punkten jedoch, dass unbedingt auf die Einfügung eines geschützten Leerschrittes zwischen dem Wort vor den drei Punkten und dem Auslassungszeichen geachtet wird (vgl. hierzu auch das Kapitel „So geht es richtig: Geschützte Leerzeichen").
Wer stattdessen einfach ein Leerzeichen durch Drücken der Leerschritttaste (engl. Spacebar) einfügt, riskiert im Falle eines Zeilenumbruchs ein optisch unschönes Ergebnis.

## Das **WESENTLICHE** – auf einen Blick

**1** *Für die Nutzung von Auslassungspunkten sprechen in erster Linie stilistische Gründe.*

**2** *Es gibt Tastenkombinationen für die Nutzung des typografischen Zeichens „...".*

**3** *Bei der Verwendung von Auslassungspunkten sollte konsequent auf geschützte Leerzeichen geachtet werden.*

# 24

## Fallstricke im Text: Wörter oder Worte?

„Mir fehlen die Worte!" Diese Aussage wird gemeinhin verwendet, wenn ausgedrückt werden soll, dass eine Situation oder ein Sachverhalt so außergewöhnlich erscheint, dass sie bzw. er schlichtweg unbeschreiblich ist. Im schriftlichen Kontext spielt das Wort „Worte" (welch schöne Formulierung!) hingegen eine ganz andere Rolle und wird nicht selten falsch benutzt. Denn zwischen „Worte" und „Wörter" besteht ein gravierender Unterschied.

> *Wörter sind **Begriffe**.*
> *Worte sind Aussagen.*

Im Grunde ist die korrekte Anwendung von „Worte" bzw. „Wörter" recht einfach: Den Plural „Wörter" gilt es immer dann zu benutzen, wenn er lediglich die Zusammensetzung einzelner Buchstaben meint, die zu verständlichen Begriffen verbunden worden sind. „Auto", „Handseife" und „Mädchen" sind demnach Wörter. Es handelt sich hierbei um Vokabeln, die sich im Wörterbuch oder dem Duden finden lassen.

Von „Worte" hingegen wird in den Fällen gesprochen, in denen es um Gedanken geht, also um zusammenhängende Gruppen von Wörtern, aus denen ein Satz gebildet werden kann.

Beispiel:

> *„Der Vorstandsvorsitzende richtete auf der Hauptversammlung der Aktiengesellschaft Worte des Dankes an die Mitarbeiterschaft."*

Auch der mehr oder weniger bekannte Ausspruch „Nicht viele Worte machen" gehört in diesen Bereich.

In der geschäftlichen Korrespondenz wird vermutlich zum überwiegenden Teil von „Worten" und eher selten von „Wörtern" die Rede sein, sei es, um einem Geschäftspartner für seine „freundlichen Worte zum Betriebsjubiläum" zu danken oder in einer Gebrauchsanweisung „Worte an den Kunden" zu richten.

Das **WESENTLICHE** – auf einen Blick

**1** *Der Plural „Wörter" meint die Zusammensetzung einzelner Buchstaben zu Begriffen.*

**2** *„Worte" sind (gesprochene) Aussagen.*

**3** *In der geschäftlichen Korrespondenz wird meist der Begriff „Worte" genutzt.*

# 25

## Exkurs Sprachrhythmus:
## Damit ein Text besser klingt

Jeder Text hat einen eigenen Klang. Dieser kann melodisch und angenehm, aber auch unruhig und belastend sein. Je besser der Verfasser es versteht, in seiner schriftlichen Arbeit einen guten Sprachrhythmus zu erzeugen, desto erfolgreicher wird er seine Botschaft beim Empfänger platzieren können.

*Jeder Text sollte gut klingen.*

So sehr, wie der Inhalt eines Textes den Adressaten emotional ansprechen kann, so sehr trägt der Rhythmus zu einem positiven Empfinden bei.

Wichtig ist es allerdings, trotz möglicherweise „schwergewichtigem" Inhalt sprachlich dezent und leise zu formulieren. Sicher ist es nicht immer ganz leicht, eine Form zu finden, mit der sich die zu transportierenden Informationen als durchdachte Struktur wie in einem Drehbuch oder einem guten Roman präsentieren. Trotzdem kann schon mit ein wenig Aufmerksamkeit beim Verfassen und einer zielgruppengerechten Ansprache viel erreicht werden.

Als Beispiel für hervorragenden Sprachrhythmus gilt seit jeher die Lutherbibel. Bis heute haben sich die Redakteure dieser wichtigen deutschen Übersetzung der Heiligen Schrift viel Mühe gegeben, der ursprünglichen Intention des Reformators Rechnung zu tragen, gut und angenehm lesbare Kapitel zu schaffen. Es empfiehlt sich daher, ruhig einmal (wieder) in der Lutherbibel (beispielsweise in der Ausgabe von 1984) zu schmökern und auf die wirklich großartige Sprachrhythmik zu achten.

Ein guter Tipp zur Erstellung rhythmischer Texte ist übrigens das laute Vorlesen. Hier wird schnell deutlich, wo es „holpert" und an welcher Stelle eventuell nachgebessert werden sollte. Auch zeigt sich beim lauten Vorlesen, ob ein Satz zu lang ist, um leicht verstanden werden zu können.

## Das **WESENTLICHE** – auf einen Blick

**1** *Texte, die beim Empfänger positive Emotionen auslösen, folgen einer guten Sprachrhythmik.*

**2** *Die Lutherbibel ist ein gutes Beispiel für einen hervorragenden Sprachrhythmus.*

**3** *Lautes Vorlesen des eigenen Textes hilft bei der Kontrolle auf Verständlichkeit.*

# 26

## So geht es richtig: Abkürzungen

Abkürzungen sind gerade in der geschäftlichen Korrespondenz weit verbreitet. Sie helfen dabei, Texte schneller zu schreiben, Platz zu sparen und für mehr Übersichtlichkeit zu sorgen. Leider besteht bei vielen Verfassern eine gewisse Unsicherheit beim Umgang mit Abkürzungen. Während manche Autoren in Zweifelsfällen das betreffende Wort einfach ausschreiben statt die sich anbietende Abkürzung zu nutzen, belassen es andere bei der falschen Benutzung oder machen sich erst gar keine Gedanken um eine vorschriftsmäßige Verwendung. Beim Empfänger kann das unter Umständen dazu führen, dass dem Schriftgutverursacher Nachlässigkeit oder Unvermögen im Umgang mit der deutschen Sprache vorgeworfen wird. Es lohnt sich also, die wichtigsten Regeln für Abkürzungen zu kennen.

> *Abkürzungsregeln sollte jeder kennen.*

Ein sehr häufig zu beobachtender Fehler ist beispielsweise das Unterlassen eines Leerschrittes zwischen den Buchstaben z und B bei „z. B." (= „zum Beispiel").
In fast jeder E-Mail, den allermeisten Geschäftsbriefen und sogar in vielen Zeitungen, Zeitschriften und (Fach-)Büchern findet sich die unkorrekte Schreibweise „z.B.".
Warum das Leerzeichen hier zu setzen ist, liegt auf der Hand: Es handelt sich bei der Abkürzung z. B. um zwei Wörter, die – ausgeschrieben – auch durch ein Leerzeichen getrennt werden. Gleiches gilt auch für „i. d. R." (für „in der Regel"), „i. H. v." (für „in Höhe von") oder „n. F." (für „neue Fassung").

In der geschäftlichen Korrespondenz sollte stets auf eine konforme Schreibung geachtet und überdies immer ein geschütztes Leerzeichen verwendet werden (vgl. Kapitel „So geht es richtig: Geschützte Leerzeichen").

Keine Leerzeichen werden bei „usw." (für „und so weiter"), „dgl." (für dergleichen) oder auch „inkl." (für „inklusive") und ähnlichen Begriffen gesetzt, weil es sich hier nicht um die abgekürzte Form bestimmter Wörter handelt, sondern diese Abkürzungen als eine Art „Eigenname" fungieren.

Es gibt im Übrigen nicht nur Abkürzungen mit Punkt, sondern auch solche, bei denen dieser fehlt. So wird „StVO" (für „Straßenverkehrsordnung") ebenso wenig mit einem Punkt oder gar mehreren Punkten versehen wie „Pkw" (für „Personenkraftwagen") oder „TÜV" (für „Technischer Überwachungsverein").
Auch werden Abkürzungen, die sich auf naturwissenschaftliche oder technische Maßeinheiten, Himmelsrichtungen oder Währungsangaben u. ä. beziehen („km", „SW", „EUR") ohne Punkt geschrieben.

Ebenfalls gut zu wissen: Bei einer Abkürzung mit Punkt am Satzende wird kein weiterer Satzschlusspunkt gesetzt.

- Angeboten werden Hosen, Hemden u. a.
- Hans ist jetzt Oberstudienrat a. D.

Beachtet werden muss allerdings, dass ein sich an die Abkürzung anschließendes Frage- oder Ausrufezeichen sehr wohl zu setzen ist:

- Ist Hans wirklich Oberstudienrat a. D.?
- Hans ist wirklich Oberstudienrat a. D.!

In der Grußformel (z. B. bei einer E-Mail) haben Abkürzungen nichts zu suchen. „LG" (für „Liebe Grüße" oder „MfG" (für „Mit freundlichen Grüßen") sollten hier also in jedem Fall tabu sein! Dies hat vor allem mit der Wertschätzung des Empfängers zu tun – dieser könnte es als unhöflich empfinden, mit einer Abkürzung als Gruß abgefertigt zu werden.

Neben alldem sollten Abkürzungen ohnehin nur dann zum Einsatz kommen, wenn sichergestellt ist, dass der Empfänger sie auch versteht.

Ein Hinweis noch zum Schluss dieses Kapitels: Im Falle von Initialwörtern wird bei der Pluralform die Endung -s und nicht die Endung des zugrundeliegenden Wortes verwendet!
Es heißt dann also zum Beispiel als Abkürzung für „die Betriebsteile" „die BTs" und nicht „die BTe" bzw. für „die Amtsgerichte" „die AGs" und nicht die „AGe".

## Das **WESENTLICHE** – auf einen Blick

**1** Es sollte immer auf erforderliche Leerzeichen zwischen abgekürzten Wörtern geachtet werden.

**2** Bei Abkürzungen mit Punkt am Satzende wird kein weiterer Satzschlusspunkt gesetzt.

**3** In der Grußformel haben Abkürzungen nichts zu suchen!

# 27

## Fallstricke im Text: Der Apostroph

Der Apostroph dient dazu anzuzeigen, dass innerhalb eines Wortes ein oder mehrere Buchstaben ausgelassen wurden. Dabei gibt es Anwendungsfälle, in denen das Setzen eines Apostrophs nach den deutschen Rechtschreibregeln zwingend vorgeschrieben ist und solche, in denen die Nutzung freigestellt bleibt.

> Beim **Genitiv von Eigennamen** Pflicht.

Unverzichtbar ist ein Apostroph immer dann, wenn es sich um einen Eigennamen handelt, dessen Grundform auf einen s-Laut endet, der mit den Buchstaben s, ss, ß, tz, z, x oder ce dargestellt wird. Bei einem solchen Eigennamen erhält der Genitiv dann einen Apostroph, wenn auf einen Artikel bzw. ein Possessivpronomen (besitzanzeigendes Fürwort) verzichtet wird.

Beispiele:

- Sandras' Mütze,
- Felix' Auto,
- Fritz' Café.

Des Weiteren ist ein Apostroph dort vorgesehen, wo innerhalb eines Wortes Auslassungen vorgenommen werden, also etwa bei „Ku'damm" (= Kurfürstendamm) oder „Bautz'ner Senf".

Nach § 97 der aktualisierten Fassung des amtlichen Regelwerks entsprechend den Empfehlungen des Rats für deutsche Rechtschreibung 2016 (Ausgabe 2018) kann der Apostroph fakultativ dort gesetzt werden, wo Wörter aus dem umgangssprachlichen Bereich schriftlich wiedergegeben werden sollen, die ohne Auslassungszeichen schwer verständlich wären.

Beispiele:
- „Das war'n großartiger Tag."
- „Der Käpt'n ist noch an Bord."

Fallstricke im Umgang mit dem Apostroph lauern dort, wo die Verwendung einfach nach Gutdünken und ohne Anwendung der klaren Regeln der deutschen Rechtschreibung geschieht. Sehr oft ist beispielsweise eine falsche Genitivkennzeichnung zu finden. „Oskar's Fahrrad" ist also ebenso falsch wie „Maxi's Eiscafé".

Warum diese falsche Nutzung des Apostrophs so häufig zu beobachten ist, wurde bereits vielfach diskutiert. Eine recht logische Begründung ist die Tatsache, dass eine Schreibung des Genitivs in der englischen Sprache vollkommen korrekt ist, wo „Tommy's sister" genauso richtig daherkommt wie „Frank's Pub". In der deutschen Sprache hingegen wird das Genitiv-s ohne Apostroph an den Eigennamen gehängt, was dann eben zu „Tommys Schwester" und „Franks Kneipe" führt.

Gleiches gilt im Übrigen bei der Schreibung von Pluralformen bestimmter Substantive, wie DVDs (nicht DVD's) oder Infos (nicht Info's). Und schließlich ist das Auslassungszeichen auch bei Präpositionen falsch. Es muss also als Slogan für ein Babyartikelgeschäft heißen „Alles fürs Kind" und nicht „Alles für's Kind".

Wichtig ist es dann noch, beim Setzen eines Apostrophs nicht das auf der Tastatur zu findende Prime-, Fuß- bzw. Bogenminutenzeichen (auf der Rautetaste), sondern das mit der Tastenkombination [ALT] + 0146 erzeugbare Zeichen zu verwenden. Viele moderne Textverarbeitungsprogramme sind allerdings in der Lage, ein typografisch falsches Apostroph in die korrekte Form umzuwandeln.

## Das **WESENTLICHE** – auf einen Blick

**1** *Manchmal ist das Setzen eines Apostrophs freigestellt.*

**2** *Fehler basieren häufig auf der Übertragung von Bezeichnungen aus der englischen Sprache.*

**3** *Ein typografisch korrekter Apostroph lässt sich mit der Tastenkombination [ALT] + 0146 erzeugen.*

# 28

## So geht es richtig: Die Gestaltung einer E-Mail

Wenn Sie eine E-Mail verfassen, gelten dafür zwar keine exakten Standardnormen wie beispielsweise die DIN 5008, welche die korrekte Gestaltung von Geschäftsbriefen regelt. Gleichwohl sollten Sie stets auf ein paar wichtige Eckpunkte achten, die sich positiv auf die Wahrnehmung Ihres Anliegens auswirken können und daher auch Einfluss auf die Beurteilung Ihrer Person als Absender haben. Es ist daher ratsam, die folgenden Tipps beim Verfassen einer E-Mail zu berücksichtigen:

> *Mit einer guten Form **Eindruck machen.***

1. Thema in der Betreffzeile nennen

Beschreiben Sie das Thema der Nachricht bereits in der Betreffzeile. Auf diese Weise weiß nicht nur der Empfänger sofort, worum es geht, vielmehr wird auch eine spätere Suche erheblich erleichtert. Neben dem Thema empfiehlt es sich, auch den Zweck der E-Mail z. B. „Zur Information", „Sachstandsanfrage" oder „Zur Kenntnis" zu nennen, falls dies zutreffend ist.

2. Adressatengerechte Ansprache verwenden

Achten Sie immer auch eine adressatengerechte Ansprache. Bei Schreiben an Kollegen, die sich mit der Thematik Ihrer Nachricht auskennen, können Sie auf lange Einleitungen oder Erklärungen verzichten. Kunden, Pressevertretern oder auch Geschäftspartnern gegenüber sollten Sie weniger geläufige Begrifflichkeiten unbedingt erläutern.

3. Möglichst kurze Sätze schreiben

Schreiben Sie in verständlichen und möglichst kurzen Sätzen. Verzichten Sie auf komplizierte oder bürokratische Begriffe sowie – wenn möglich – auf Fremdwörter.

4. Erwartungen nennen

Machen Sie ggf. deutlich, dass Sie eine Reaktion des Empfängers erwarten (z. B. „Bitte teilen Sie mir bis zum … mit, …", „Ich bitte Sie, den Auftrag zu bestätigen" oder „Um eine Sachstandsmitteilung wird gebeten."

5. Aufzählungen nutzen

Nutzen Sie Aufzählungen, wenn es in Ihrer Nachricht mehrere wichtige Punkte gibt. Auf diese Weise lockern Sie den Text optisch auf.

6. Anklickbare Links setzen

Sofern Sie auf weitergehende Informationen verweisen, die Ihrer Nachricht nicht direkt als Anlage beigefügt sind, sondern verlinkt werden, nutzen Sie stets direkt anklickbare Links. Auf diese Weise ersparen Sie dem Empfänger eine Menge Zeit, da er die Internetadresse (URL) weder abtippen, noch aufwendig selbst nach der jeweiligen Seite suchen muss.

7. Nicht brüllen

Seien Sie sehr sparsam mit Ausrufezeichen (s. hierzu auch das Kapitel „Angst oder Größenwahn: Mehr als ein Satzschlusszeichen"). Auch sollten Sie keine Wörter in GROSSBUCHSTABEN schreiben – beides würde vom Empfänger möglicherweise als (virtuelles) Brüllen empfunden werden.

8. Freundlich bleiben

Bleiben Sie auch bei schwierigen Themen (beispielsweise beim Verfassen von Beschwerden und Mahnungen) freundlich. Schreiben Sie verbindlich, aber höflich. Bedenken Sie, dass der Empfänger Ihrer Nachricht möglicherweise in einer Situation mit Ihrem Text konfrontiert wird, in der es ihm nicht gutgeht. Wirken Sie deeskalierend, ohne dabei die nötige Dringlichkeit und Wichtigkeit Ihres Anliegens zu verschleiern.

9. Grußformel nicht vergessen

Beenden Sie jede E-Mail mit einer angemessenen Grußformel und denken Sie daran, dass eine geschäftliche E-Mail eine Signatur mit bestimmten Pflichtangaben enthalten muss (s. Anhang 2).

Neben alldem ist es manchmal ratsam, die geschriebene Nachricht nicht sofort abzusenden, sondern eine gewisse Zeit reifen zu lassen. Gerade bei sensiblen Mitteilungen, Beschwerden oder sehr komplexen Sachverhalten kann es sehr sinnvoll sein, den eigenen Text noch einmal mit etwas Abstand zu lesen. Auf diese Weise fallen Ihnen nicht nur eventuelle Fehler auf, Sie bemerken möglicherweise auch eine unkluge Schärfe in Ihren Formulierungen, die sich aus dem ersten Eifer ergeben hat. Auch fehlende Detailinformationen werden oft sichtbar.

Weitere wichtige Hinweise zu E-Mails:

- Versenden Sie keine sensiblen personenbezogenen Daten wie Kundenadressen, Telefonnummern oder sonstige Kontaktinformationen.

- Gehen Sie sehr sorgsam mit E-Mails um, die Sie an einen größeren Empfängerkreis versenden. Tragen Sie Adressen weder in das „An"-Feld, noch in das „CC"-Feld, sondern ausschließlich in das „BCC"-Feld („Blind Carbon Copy" = Blindkopie) ein! Andernfalls kann jeder Empfänger sämtliche E-Mail-Adressen sehen und schlimmstenfalls unberechtigt nutzen. Dies kann einen Verstoß gegen datenschutzrechtliche Bestimmungen darstellen und unter Umständen Geldbußen nach sich ziehen!

- Prüfen Sie, ob es wirklich nötig ist, dritten Personen eine Kopie Ihrer Nachricht zukommen zu lassen. Stellen Sie sich die Frage, ob der Empfänger von der Information profitiert oder ob es sich nur um einen Versuch handelt, Ihre Arbeitsleistung oder Ihr Können dem Chef oder anderen Mitarbeitern gegenüber zu signalisieren.

- Erwarten Sie nicht in jedem Fall eine kurzfristige Reaktion. Nicht selten steckt keine böse Absicht hinter fehlenden Antworten, oft ist der Empfänger schlichtweg überlastet. Auch muss nicht jede E-Mail mit einer „Dank-E-Mail" beantwortet werden.

## Das **WESENTLICHE** – auf einen Blick

**1** *Investieren Sie ausreichend Zeit in das Verfassen von E-Mails.*

**2** *Eine klare Struktur schafft beim Empfänger positive Empfindungen.*

**3** *Vorsicht beim Versand an einen größeren Empfängerkreis – BCC-Funktion nutzen!*

# 29

## So geht es richtig: Geschützte Leerzeichen

Geschützte Leerzeichen stellen eine außerordentlich sinnvolle Form des klassischen Leerschritts in der Textverarbeitung dar. Während bei der Nutzung eines herkömmlichen, mit der Leerzeichentaste (engl. Spacebar) erzeugten Leerschritts keinerlei Schutz vor unbeabsichtigten Zeilenumbrüchen besteht, sorgt das geschützte Leerzeichen dafür, dass sachlich zusammengehörende Textbestandteile auch optisch verbunden bleiben.

> *Gegen optische Makel beim **Zeilenumbruch**.*

Zur Anwendung kommen die auch als „Non-Breaking Spaces" (NBSP) bezeichneten geschützten Leerzeichen etwa bei der Kombination aus Zahlen und erklärenden Maßeinheiten, also zum Beispiel „10 Meter". Durch die Verwendung eines geschützten Leerzeichens wird verhindert, dass die Zahl „10" auf der einen und das Wort „Meter" auf einer anderen Zeile erscheint. Auch bei Telefonnummern, Aktenzeichen und anderen Zahlen- oder Buchstabenkombinationen sind geschützte Leerzeichen geboten.

Wichtig ist die Nutzung geschützter Leerzeichen bei digitalen Schriftstücken, da der Text je nach Ausgabeeinstellung beim Empfänger verschieden formatiert erscheint – also etwa in einem kleinen Fenster eines E-Mail-Programms anders als bei maximierter Ansicht.

Mit einem geschützten Leezeichen lassen sich zudem Abkürzungen als feststehende Phrase verankern, so dass auch hier ein ungewollter Zeilenumbruch (beispielsweise zwischen dem z und dem B bei „z. B.") ausscheidet.

Erzeugt werden können geschützte Leezeichen in auf Windows basierenden Textverarbeitungsprogrammen mit der Tastenkombination [STRG] + [UMSCHALT] + [LEERTASTE], beim Mac mit [ALT] + [LEERTASTE].

## Das **WESENTLICHE** – auf einen Blick

**1** *Geschützte Leerzeichen verhindern ungewünschte Zeilenumbrüche.*

**2** *Bei Zahlen mit Maßeinheiten, Namen, akademischen Graden und Abkürzungen sollten möglichst immer geschützte Leerzeichen verwendet werden.*

**3** *Bei den meisten Textverarbeitungsprogrammen lässt sich ein geschütztes Leerzeichen mit [STRG] + [UMSCHALT] + [LEERTASTE] (Windows) bzw. [ALT] + [LEERTASTE] (Mac) erzeugen.*

# 30

## Fallstricke im Text: Das &-Zeichen

Die sachgerechte Verwendung des &-Zeichens ist für viele Schriftgutverursacher schwerer als gemeinhin angenommen. Hier lauern zahlreiche Fehler, an die nur wenige Verfasser denken und die auf einer weit verbreiteten Unkenntnis der korrekten Nutzung des &-Zeichens beruhen. So glauben nicht wenige Menschen, das Zeichen „&" sei einfach eine Entsprechung des Wortes „und". Tatsächlich jedoch darf dieses Zeichen nur in wenigen, genau definierten Anwendungsfällen benutzt werden.

> *Nur in **wenigen Fällen** zulässig.*

Richtig ist zwar, dass es sich beim „&" um eine sogenannte Ligatur, also um die Verschmelzung von zwei Buchstaben zu einem neuen Zeichen handelt. Entstanden ist das „&" aus e und t, dem lateinischen „et". Trotzdem ist die Verwendung des „&" nicht beliebig, sondern kommt gemäß DIN 5008 nur dann infrage, wenn Namen zu einer gemeinsamen Firmenbezeichnung zusammenzufügt werden sollen. So trug die im Jahre 1847 von Werner von Siemens und Johann Georg Halske gegründete Telegraphen-Bauanstalt bis zu ihrer Verschmelzung mit der Siemens-Schuckertwerke AG und der Siemens-Reiniger-Werke AG im Jahr 1966 den Namen „Siemens & Halske AG".

Das &-Zeichen findet sich auch in abgekürzten Unternehmensbezeichnungen wie zum Beispiel bei den Modehäusern C & A (Clemens & August) und H & M (Hennes & Mauritz).

Wegen seiner grundsätzlich ausschließlichen Bedeutung im geschäftlichen Bereich wird das &-Zeichen auch als „kaufmännisches Und" bezeichnet. Es soll sowohl die Zusammengehörigkeit zweier Personen oder Firmen signalisieren, als auch auf den handelsrechtlichen Sinn hinweisen, etwa im Rahmen der Verwendung der Bezeichnung „GmbH & Co. KG" als juristische Person.

Neben der vorgenannten Nutzung bei Firmennamen wird das &-Zeichen gern (unzulässig!) auch für Produktbezeichnungen bzw. für die mit bestimmten Erzeugnissen in Verbindung zu bringenden Eigenschaften („Chips Salt & Pepper", „Lecker & Schlecker") genutzt.

Nun mag es tatsächlich ein wenig verwundern, dass das &-Zeichen trotz seines sehr engen Nutzungsfeldes einen eigenen Platz auf der Computer- und Schreibmaschinentastatur bekommen hat. Viel eher hätte es doch der deutlich häufiger zum Einsatz kommende Gedankenstrich (vgl. Kapitel „So geht es richtig: Bindestriche/Gedankenstriche" dorthin schaffen sollen, oder?

Nun, der Grund für die hervorgehobene Platzierung des „&" besteht zum einen darin, dass diesem Sonderzeichen vor allem zu Beginn des Computerzeitalters eine wichtige Aufgabe zukam und teilweise auch heute noch zukommt, wie etwas als Operator in der Programmiersprache Visual Basic. Zum anderen sind die Schöpfer der Tastaturanordnung wohl nicht ganz zu Unrecht der tatsächlichen Beobachtung gefolgt, dass viele Autoren das &-Zeichen angesichts seiner eleganten Erscheinung sehr gern in Überschriften und eben auch zur Wiedergabe der bereits erwähnten werbenden Produktbeschreibungen verwenden. So finden sich Headlines wie „Bei Google & Co. ganz vorne stehen: Suchmaschinenoptimierung für Ihre Webseite!" oder „Jetzt gut & günstig tanken!" häufig vor allem im Internet. Wer jedoch so schreibt, verletzt definitiv die Regeln der deutschen Rechtschreibung.

Um in der geschäftlichen Kommunikation beim Empfänger zu punkten und keinen Anlass zu (gerechtfertigter) Kritik zu liefern, ist es wichtig, sich stets an die oben genannten Vorgaben zur Benutzung des &-Zeichens zu halten.

## DAS WESENTLICHE – auf einen Blick

**1** *Das &-Zeichen darf nur in wenigen, genau definierten Anwendungsfällen benutzt werden.*

**2** *Wegen seiner Bedeutung im geschäftlichen Bereich wird es auch als „kaufmännisches Und" bezeichnet.*

**3** *Der inflationäre Gebrauch des &-Zeichens steht einer korrekten, regelgerechten Schriftsprache entgegen.*

# Anhang 1

Formulierungshilfen
für häufige Anliegen im
Kunden- und Geschäftsverkehr

# Textvorschläge für Standardfälle in der geschäftlichen Kommunikation

In den nachfolgenden Beispielen finden Sie Textvorschläge für einige immer wieder auftauchende Standardfälle im Büroalltag. Die Muster sollen Ihnen als Anregung dienen und Sie bei der Formulierung eigener Schreiben unterstützen. Sie können sie gern ohne Quellenangabe verwenden.

Wichtig ist es, trotz der manchmal aufkommenden negativen Gefühle jederzeit höflich zu bleiben. Es ist durchaus legitim, gegenüber notorischen Querulanten oder mit unlauteren Mitteln arbeitenden Geschäftspartnern bestimmt und deutlich aufzutreten. Keinesfalls aber darf der Schriftverkehr in persönlichen Vorwürfen, Beschuldigungen oder gar Beleidigungen münden. Ohnehin sollte es ein elementarer Grundsatz der gesamten Kommunikation (geschäftlich wie privat) sein, sich stets ehrlich, höflich und respektvoll zu verhalten – selbst, wenn das manchmal ein wenig schwerfällt.

**Sachstandsanfrage**

Sehr geehrte Damen und Herren,

auf meine Bestellung [Anfrage, Beschwerde, Reklamation usw.] vom … bin ich bislang noch ohne Antwort geblieben. Ich frage daher nach dem Sachstand an.

Mit freundlichen Grüßen

Hinweis: Eine solche Nachricht führt (vor allem in Standardfällen) mitunter nicht nur zu einer Beantwortung der eigentlichen Sachstandsanfrage, sondern beschleunigt auch die Bearbeitung des initialen Anliegens. Der Grund hierfür liegt auf der Hand: Wenn sich der Empfänger der Nachricht ohnehin mit der Angelegenheit befassen muss um die Anfrage zu erledigen, kann er (oft) auch gleich den gesamten Vorgang final abschließen.

**Umgang mit Querulanten**

„Ich bitte Sie um Verständnis, dass ich etwaige weitere Schreiben in gleicher Sache zwar zur Kenntnis nehmen, aber nicht mehr zwingend beantworten werde."

Oder:

„Sollten keine neuen Tatsachen vorgetragen werden können, die zu einer anderen Beurteilung des Sachverhalts führen, bitte ich um Verständnis, dass diese Antwort abschließend ist."

Oder:

„Wir bedauern, Ihnen keine anderweitige Mitteilung machen zu können und bitten um Verständnis dafür, dass wir auf zukünftige Eingaben ohne neuen Sachvortrag, der eine andere Bewertung des Sachverhalts zulässt, aus Kapazitätsgründen nicht reagieren können."

Hinweis: Ein sich ständig im Kreis drehender Schriftwechsel mit uneinsichtigen Kunden oder Geschäftspartnern ist weder zielführend noch gesundheitsfördernd. Wenn alles gesagt ist, darf die Kommunikation irgendwann auch ohne schlechtes Gewissen beendet werden.

**Höfliche Absage ohne nähere Begründung**

Sehr geehrte Damen und Herren,

aus Gründen, die außerhalb meines Einflussbereiches liegen, kann ich an der Besprechung am Donnerstag [leider] nicht teilnehmen. Dafür bitte ich nicht um Verständnis, aber doch um Nachsicht.

Mit freundlichen Grüßen

Hinweis: Ob hier ein „leider" eingefügt wird, ist vom tatsächlichen Grund für die Nichtteilnahme abhängig. In jedem Fall sollte ein Bedauern nur dann ausgedrückt werden, wenn es auch tatsächlich vorhanden ist.

### Abweisung unbegründeter Kundenbeschwerden

„Auch, wenn ich besorge, dass meine Erläuterungen sich kaum mit Ihrer Erwartungshaltung decken werden, kann ich Ihnen nur den nach Recht und Gesetz gegebenen Sachstand erläutern."

Oder:

„Jenseits dessen sei noch angemerkt, dass die in den Raum gestellten Anschuldigungen hinsichtlich der mangelhaften Produktqualität ebenso substanzlos wie verfehlt sind."

Oder:

„Das tatsächliche Vorliegen von Qualitätsmängeln erscheint bei spontaner, unbefangener Betrachtung Ihrer Schilderung fraglich."

Hinweis: Es ist gar nicht so selten, dass Kunden tatsächlich unbegründete Beschwerden vortragen, um eine bestimmte Reaktion (Rabatt, Rücknahme wegen Nichtgefallen oder bei aufkommender Kaufreue) zu erreichen. Dem gilt es wirkungsvoll zu begegnen.


### Widerspruch gegen Tatsachenbehauptung

„Ich bin ausgehend von der vorhandenen Datenlage zu einem anderen Schluss gekommen."

Oder:

„Im Übrigen sind die Inhalte Ihrer Schreiben – es lässt sich leider nicht anders formulieren – so weit von jedem Bezug zur Realität entfernt, dass eine inhaltliche Auseinandersetzung damit nicht möglich ist."

Hinweis: Einer unzutreffenden Tatsachenbehauptung – vor allem durch Geschäftspartner – muss manchmal entschieden entgegengetreten werden. Dies sollte ebenso klar wie höflich ausgedrückt werden.

# Anhang 2

## Signaturanforderungen für geschäftliche E-Mails

# Signaturanforderungen für geschäftliche E-Mails

Da seit dem Jahr 2007 von einem Unternehmen versandte E-Mails den Geschäftsbriefen rechtlich gleichgestellt sind, müssen einige formale Vorschriften eingehalten werden. So bedarf es stets der Nennung bestimmter Pflichtangaben, die normalerweise in der Signatur platziert werden. Die Beachtung dieser Bestimmung ist sehr wichtig, da Verstöße teure Abmahnungen nach sich ziehen können.

Die folgenden Angaben müssen in Textform vorhanden sein und die aktuelle Situation wiedergeben:

- Name des Unternehmens, Rechtsform und Sitz
- Zuständiges Registergericht und Handelsregisternummer
- Die Namen sämtlicher Geschäftsführer bzw. Vorstandsmitglieder
- Den Namen des Aufsichtsratsvorsitzenden (sofern eingesetzt)

Die Signatur einer geschäftlichen E-Mail könnte dann beispielsweise so aussehen:

>Hans-Joachim Meier
>Leiter Kundenbetreuung
>Klingeling und Töteröö GmbH
>Musterstraße 1
>D-12345 Berlin
>
>Telefon: 030 / 99 88 77 66
>Fax: 030 / 99 88 77 55
>E-Mail: h-j.meier@klingeling-toeteroe.de
>Internet: www. klingeling-toeteroe.de
>
>Registernummer: HRB 12345647
>Registergericht: Amtsgericht Berlin-Charlottenburg
>USt-Identnummer: DE9876543
>Geschäftsführer: Maximilian Klingel

# Anhang 3

Wichtige Tastaturkürzel
zur Erzeugung von Satz- und Sonderzeichen

# Tastenkombinationen für Satz- und Sonderzeichen

Die nachfolgende Tabelle enthält gültige Tastaturkombinationen für einige der in diesem Buch genannten Satz- und Sonderzeichen.

**Windows**

| Satz-/Sonderzeichen | Tastaturbefehl* |
|---|---|
| Geschütztes Leerzeichen | [STRG] + [UMSCHALT] + [LEERTASTE] |
| Interrobang (‽) | [ALT] + [8253] |
| Gedankenstrich (–) | [ALT] + [0150] |
| Echtes Minuszeichen (−) | [ALT] + [8722] |
| Großes Eszett (ß) | [ALT] + [7838] |
| Apostroph (') | [ALT] + [146] |
| Auslassungszeichen (…) | [STRG] + [ALT] + [.] |

* unter Verwendung des numerischen Ziffernblocks

**Mac**

| Satz-/Sonderzeichen | Tastaturbefehl |
|---|---|
| Geschütztes Leerzeichen | [ALT] + [Leertaste] |
| Interrobang (‽) | Aus Zeichenpalette [CTRL] + [CMD] + [Leertaste] |
| Gedankenstrich (–) | [ALT] + [-] |
| Echtes Minuszeichen (−) | Aus Zeichenpalette [CTRL] + [CMD] + [Leertaste] |
| Großes Eszett (ß) | Nur mit separatem Treiber |
| Apostroph (') | [ALT] + [UMSCHALT] + [#] |
| Auslassungszeichen (…) | [ALT] + [.] |

# Nachwort

*„Das größte Kommunikationsproblem ist, dass wir nicht zuhören, um zu verstehen. Wir hören zu, um zu antworten."* Dieses Zitat eines unbekannten Verfassers sagt eine Menge aus über die Schwierigkeiten, mit denen wir es im mündlichen, vielfach aber auch im schriftlichen Miteinander zu tun haben.

Mit meinem „Handbuch Digitale Graphologie" habe ich versucht, für Verständnis gegenüber dem Verfasser von Schriftstücken wie E-Mails, Geschäftsbriefen oder auch von Kurznachrichten zu werben. Es ist sicher eine gute Idee, bei eingehenden Sendungen ein wenig auf die „Menschen hinter den Worten" zu achten und beim Verfassen an die Empfänger zu denken. Auf diese Weise wird ein Text persönlicher, echter, wahrer.

Ich hoffe, dass es mir ferner gelungen ist, mit meinen Tipps und Hinweisen zu einer besseren schriftlichen Kommunikation im beruflichen wie auch im privaten Alltag beizutragen. Die deutsche Sprache ist ein weites Feld und manchmal auch ein holperiger Acker. Viel gäbe es da noch zu erläutern, vorzustellen, zu empfehlen. Angesichts des begrenzten Umfangs dieses Buches musste ich eine Auswahl treffen – ob ich damit richtiggelegen habe und meine Ausführungen den beabsichtigten Nutzen erzielen, können nur Sie, die geschätzten Leser beurteilen.

*Christian B. Schreiber*
*im Juni 2023*